遠山幸子・江刺昭子 編

連合赤軍 遺族への 手紙

インパクト出版会

連合赤軍　遺族への手紙

目次

I

「供養文」

II

「供養文」拾遺

凡例

○本書は遠山幸子が連合赤軍事件の被告たちから受け取った手紙を中心に筆写し、私家版として一九七四年頃に小部数作成した冊子『供養文』と、一緒に保管されていた手紙原本をもとに構成した。
○Ⅰ「供養文」は一九七二、七三年来信の手紙の集成で、遠山幸子筆写の冊子と同じ構成である。
　ただし、坂口弘より遠山幸子あての、手紙のお礼とお詫びを記したごく短い手紙（一九七三年五月二十四日付）、およびⅡ『供養文』拾遺に入れようとした一通（一九七四年五月十五日付）計二通は本人から公表を想定していない被害者遺族あての私信だから掲載をお断りすると連絡があり掲載を断念した。また山岳ベースで死亡した山本順一の妻の弁護人、故阿久澤浩弁護士から遠山幸子あての手紙も遺族の希望で掲載を見合わせた。また一部の方に連絡が取れなかった。
○Ⅱは『供養文』と一緒に保管されていた手紙から編集。Ⅲは遠山美枝子書簡集である。Ⅳは本書編集中に千葉刑務所服役中の吉野雅邦さんから寄せられた寄稿である。
○Ⅰは手紙原本あるいは原本コピーを参照し、異動のある場合は手紙原本を優先した。
○明らかな誤字、脱字は訂正、旧字は新字に、数字は漢数字に換えた。判読不明あるいは抹消された箇所は○○にした。
○当時の運動用語や符丁はわかる範囲内で〔　〕内に記載した。
○一部固有名詞を仮名や○○、あるいは代名詞にした。
○現代に合わない表現もあるが、資料的価値を重んじ書き換えてはいない。

I

「供養文」

現地 倉渕村にて供養
達でございますが 先日ご連絡いたしました 三月二十日、現
山で塔婆を建てて供養をしていただきました時にふもとの
寺 蓮華院の住職がよんで下さいました文書です
文は役場にありますが その下書をお譲り致します
もうなんにも言うことはありません この通りですもの
がご一心イになり あの子達があまりにも可哀想であわれ
最後でなりません 天寿を全うするならば あきらめもつ
ますが 自殺にも等しく それ迄の寿命しか 神様
えて下さらなかったのかもしれません
村の寫し真の様にみな同じ様に供養して来ました
月十五日 寺岡様、尾崎様共々行って来ました
倉渕村、村長さんも暖かく迎えて下さいまして 私共もよ
んで帰って来ました
本当に淋しい杉林の中ですから どうぞ後に残っておっ
私達で供養してやりましょう

遠山幸子

爰為殉難諸霊鎮魂供養也

爰に塔婆を建立して供養する所以は如何とならば　当地より発掘せられたる故山崎順をはじめとする八柱の諸霊をあつめその菩提を葬い、以つて血ぬられし此の山河を浄めて世人をして安心を求めんがためなり。

夫れ諸霊は、生を人間に受け父母恩愛の裡に時を期すと雖も長ずるに及び世を憂い、天下我が意ならざらんことを憤り、同志等相集い、相結び、密かに革命を志す。

然りと雖、人間必ずしも同心同体ならず、暗中に疑すれば木石も妖怪変化となる例へにそむかず、疑心暗鬼して同志の分裂を来し、強き者、弱きを挫き、意に反する者ことごとく葬り去らんとして夫婦、兄弟の血縁も断ち、遂に阿修羅の権化となり地獄の餓鬼と化す。

その凄惨たる心情筆舌に尽くし難く、誠にこれ夢に似て夢に非ず、聞くに及びては肝を寒からしめ人をして誰か憤りを禁じざらんや。

嗚呼悲しい哉、然れども人、人界に在りては如何なりとも一度死すれば即ち仏陀と同じくしていづくんぞ霊魂を分たん。

宗祖興教大師の偈に曰く

「六大無礙にして常に瑜伽す　四種曼荼各々離れず
三密加持すれば速疾に顕る　重々帝網なるを即身に名づく」と

ここに於て当村倉淵村長を始めとして関係者相会しここに香華法灯を掲げて諸霊を慰め以って安らかに昇天されんことを期す

請い願はくば在天の霊、来り受けよ

昭和四十七年三月二十一日

真言宗蓮華院沙門賢弘

遠山幸子から各位へ

一九七二（昭和四七）年九月十五日　現地　倉渕村にて供養

早速でございますが先日ご連絡いたしました三月二十一日、現地の山で塔婆を建てて供養していただきました時にふもとのお寺蓮華院の住職がよんで下さいました文書です。

本文は役場にありますがその下書をお預り致しましてもうなんにも言うことはありません。この通りですもの。

胸が一パイになりあの子達があまりにも可愛想であわれな最後でなりません。天寿を全うするならばあきらめも致しますが自殺にも等しくそれ迄の寿命しか神様が与えて下さらなかったのかもしれません。

同封の写真の様にみな同じ様に供養して来ました。

九月十五日　寺岡様、尾崎様共々行って来ました。

倉渕村、村長さんも暖かく迎えて下さいまして、私共もよろこんで帰って来ました。

本当に淋しい杉林の中ですから、どうぞ後に残っている私達で供養してやりましょう。

遠山幸子

尾崎充男の姉から

私たち遺族が何を以て被告たちを裁けばよいのか？

一九七三（昭和四八）年七月（「会報」に出された一文）

××様　先日はお手紙と資料を送っていただき有難うございました。指摘されたところと一部分しか読んでいませんが残りも早目に読みあげたいと思っています。

あの忌しい事件以来、はや一年半が来てしまいました。長かったようでもあり、短かったようでもあったこの一年半、「もう忘れてしまいたい、充男は帰ってこないのだから」何度こう思ったかも知れません。しかし「忘れ去る」には余りにも今回の事件が私達家族に残した傷跡は大きすぎたようです。「なぜあんなことに」「いったいあの子は何を考えていたのだろうか」、とめどもなくわき出てくるこの疑問、「殺した奴が憎い」「寒かったろう……痛かったろう……辛かったろう……」と毎日々々。今まで送って下さった資料、他に遺族独自で集めた資料などを見て感じることですが、「同志殺し」という言葉がよく使われています。あなた方は「死」というもの「生命」をどう受けとめているのでしょうか？　総括の中には全体の責任として受けとめているように思われますが、被告たちに対して厳しい批判がされていないのが気になります。もちろん、私も今回の事件を被告個人の全面的な責任だとは思っていません。連赤全体の責任でもありましょうし、社会の責任でもあり、あるいは死んでいった者たちにも一端の責任があったかもしれません。しかし「権力」を憎み「権力」と闘うという者自らが「権力」を奮って人殺しをした事実に対し、逃れようとして逃れることのできない罪の深さがあると思います。反社会的行為を犯したということは単に大衆の信頼をなくしたというだけでなく、今回の場合は大衆を裏切ったともいえます。反社会的行為とはその時代々々で変るものでしょうが「人殺し」ということはどのような時代においても許されない。ましてあなた方が訴えている世の中が来ればなおのこと、革命という名のカサの下に「人殺し」という大きな罪をおおいかくし、もっとも基本的で重要な「人の生命」について避けているような気がします。

「殺人罪適用に断固抗議する」「公判通信第二号」「反動権力打倒の闘争の過程において我々が犯した誤りであり……権力側は一切その罪を裁く権利はなく人民大衆しかそれはできない……」のだとしているが、それでは私たち遺族が今の世の中で何をもって被告たちを裁けばよいのでしょうか？亡き同志たちよ、最後まで革命戦士として闘った同志たち、もうたくさん弟たちは死んだのではなく殺されたのですよ。信頼していたであろう「同志」という名の人たちに世の中の変革をめざし曲りなりにも自ら前衛として大衆を導こうとする位置にあるものがこのような罪を犯したということは「あれは誤りだった、すまなかった」ではすまされない問題だと思います。

本当に今回の事件を乗り越え前向きで進もうとするのならば、被告たちに対する厳しい批判が仲間の中から出なければウソだと思います。また殺された者たちがどのようにして殺されどのような最後だったかを知っているでしょうか。これは興味本位にではなく知るべきだし、被告たちに言わせるべきです——その事実を知ったなら「生と死」についてもっと真剣に見つめざるを得なくなるでしょうから。私は先日ある被告から弟の最後について知らされました。これは私たち家族にとって一番知りたく、また一番知りたくないことでもあったのですが…… 意見の違う者はみな殺し、それぞれの理由をつけられ総括を強いられ、厳しい寒さの中で柱にしばられなぐられ、血みどろになって放り出され——それでも弟は最後まで一言も泣きごとは言わなかったとか……親として姉弟としてこれ以上の仕打ちはない、言いようのないくやしさとやりきれなさとが胸をしめつけます。なのに、どうして？ 自分たちのやったことが誤りだったかのように言う被告たちから「すまなかった」のハガキ一本届かないということは……充男はいったい何を信じ何を考えいったい誰を信頼して、山に登ったのだろうか？ 意見の相違はあったにせよ、人と人とのキズナ、信頼関係というものを疑いはしなかっただろう、家に帰ってくるたびに目をかがやかせながら自分たちの目指している世の中について真剣に話していった彼、誰のため、何のため、死なければならなかったの…… この死を無駄にはすまい…… 人間が人間として扱われない世の中が続く限り伝えよう生命の尊さを、守ろう尊い生命を。ペンを走らせているうちに朝が来てしまいました。私の隣りに弟の幼いころそっくりといわれる長男が気持ちよさそうに眠っています。この子が成人する頃には少しは住みよくなっているかしら……　弟がよくうたっていた歌を思い出しました。

友よ　この闇の向こうには
友よ　のぼりくる朝日の中で　夜明けは近い

はじめてお手紙をさしあげるあなたにぶしつけにこのようなことをぶちまけてしまったことをお許し下さい。日増しに暑さが厳しくなっております。お身体には十分気をつけ下さいませ。かしこ

昭和四十八年七月

行方正時の父の手記

一九七二（昭和四七）年十一月二十四日　行方正時の父の語りを『序章』編集部が録音したもののテープ起こし。
これを『序章』編集部と行方正時の父の了承を得て遠山幸子が筆写したもの。

親馬鹿だと笑われるかも知れませんが今の私の気持としては息子達が目指していたことや目的をできるだけ理解してやりたいと思っています。彼等が一体何をやろうとしたのか、確かに私を含めて世間の人々が理解できないでいるのは事実です。息子も私に敢てそれを理解させようとはしませんでした。しかし今彼等の理解が何であり何をやろうとしたのか、そして何故、ああして死なねばならなかったのかを私は本当に知りたいと思っています。彼等は革命を実行しようとしたのですが、私には彼等が革命に対してどのような展望を持っていたのか分りません。又彼等の目指した革命の必要性と、ああならざるを得なかった経過もわかりません。ですから、残った人達にそれを私達にでもわかるようなことばで語ってほしいと思ってます。

私は親として息子の歩いた跡をたどってみようと思いました。岡山しか自分の行く所はないのだと言って彼は岡山に行ったのです。それが次に行く所として何故彼が東京を選んだのか、何故東京しか行く所がなかったのか、私にとって深い疑問でした。そこで私は彼の友人達を訪ねてある程度のことはつかめました。しかしその後の彼の行動、入山前後の行動を知る手がかりは全くなく私には今それを知る術もありません。

親と子は平行線のようなもので親は子供の考えについていけないのは当り前なのでしょう。又親はそれを理解しなくてはならないのだとも思います。

私はあの事件の責任を森君や永田さんの個人的欠陥として考えたことはありません。遺族として特定な個人を憎悪の対象としてはいけないと思います。又あのような事件について残っている彼等に何の弁解も求めまいと思っています。ただもうあんなことは二度と起こさないんだということを確めたいし、二度と起こしてほしくはないということを伝えるのが先決です。

私はあのような事件に直面して何か左翼の体質の中にある膿みたいなものがボカッと出たんじゃないのかという感じがします。

左翼への失望と言いましょうか、親として一番たまらないのは息子が一番信じて進んで行った道がそんなものでしかなかったのではないかと考える時があります。

この事件に関しても、左翼運動に関しても何が正しくて何が正しくないのか本当のところ私にはわかりません。ただ言えることはある人が言っていることが正しいと認められるのは、それが人間に対する愛情から出発している時です。それ以外に他の人がしていることが正しいとか正しくないとかの判断は下せないように思うのです。愛情のない人間社会など意味ありません。他人のこと他人の生命を尊重しなければ他の多くの人々を代表することなどできません。これは社会主義とか資本主義とかを問わず人間の基本的な問題だと思うのです。自分達が革命によって打倒しようとする権力側をも含めて相手が人間であることを絶対に忘れてはいけないと思います。

私はあの事件に関して新左翼は当然のこと、世の中全体がもっと掘り下げて考えるべきだと思います。言わばあの事件のショックに、思考が中断しているのが一般の風潮なのではないでしょうか。遺族は忘れたいと思い、権力側は一応の結論をつけて終らせたいと願い、一般の人達は思考を中断してしまっています。

あのようなことを繰り返さないために、誰もが真剣に徹底的にいつまでも考えるべきだと思います。忘れてしまってはならないと思います。今遺族として息子の死をも含めてあの事件について納得のいくものは何も得られませんし得られないようにも思えます。それでも私は考え続けたいし、息子を含め彼等が何を考え何を目的としてどのように歩いて行ったのか、いつまでも追い続けたいと思います。

森恒夫より遠山幸子へ

一九七二（昭和四七）年十一月七日　東京拘置所から

遠山様

美枝子さんのことについて心からおわびします。私が犯した行為は、本当に阿修羅の権化、地獄の餓鬼と云われるべきことで、一片の人間性もない行いです。私はそんな行為を、革命を、共産主義を口にして行ったのです。革命や共産主義と全く無縁な残酷な事を行ったのです。美枝子さんは、非合法の中央軍に女性としてはじめて入るんだ、という希望と誇りを持って、昨年十二月初旬から私達と行動を共にしました。

ひと握りの人数しかいなかった中央軍と、新しくそれに入ろうとする人で、山を利用して訓練をしようとしていました。私達はそこで政治的な討論と軍事的な訓練を行って、中央軍を再編し、日本帝国主義、米帝国主義とゲリラ戦を行える軍を創ろうとしていました。「連合赤軍」を構成していた人民革命軍の人達と一緒に。美枝子さんは初めての山登り（二千メートル）にも頑張り元気でした。私達が合同で訓練をはじめて、すぐに女性メンバーも参加していた人民革命軍の人から美枝子さんに対する批判がだされました。その内容は以前から「女性問題」に取り組んでいた見地からのもので、私達も正しいと考えました。それは服装、装身具や対人関係―態度に迄及んでいましたが、簡単に申しますと新中国の働く婦人のもつ美風をできる限り身につけ、男性に対しても自立した女性革命戦士としての自己を貫く様に、というものでした。

さまざまな角度からなされた美枝子さんへの批判は、しばしば同志的な限度を越えました。が私は女性問題は良く分らないし、経験ある人の云う事は正しいと思って、美枝子さんを援助しませんでした。美枝子さんは一度にいろんな事を要求されて随分苦しみましたが、馴れない力仕事なども努力してはじめたり、できる限り応えていこうとしていました。この美枝子さんに一挙に革命戦士になる事を要求したことが、そしてその半ば強制的なやり方が、あとになってもっと拡大されて「総括の要求」になっていったのです。私はこの時美枝子さんの問題を正しく解決できず、「短い期間に革命戦士になる様努力すべきだ、それ迄山を降りない様に」という決定をしたのです。

この頃から私は山という厳しい自然の中で、政治討論、訓練をしながら個々人が自分のやってきた闘争を総括―反省し互に批判し合って、その経験を共有化し、たかめあう事が、革命戦士として発展する良い方法だと考える様になりました。しかしこれは本来都市を中心に行うゲリラ活動、政治活動の経験の中から学んでいく正しい方法と全く異り、山という異常な特殊な条件を絶対化した考えであり同時に観念論でありました。その後訓練を終えた私達はしばらくそういう生活を続けたのち、恒常的に人民革命軍の人達と行動することにしました。美枝子さんが群馬に来た時、私はすでに人民革命軍の三名の仲間を暴力的に「革命戦士化」しようとする誤りを犯していました。そして、訓練の時には「新しくやり直そう」と決意し、私自身も「これで大丈夫だ」と評価した美枝子さんに対して、問題をむし返し「まだ総括ができてない」等と詰問したりしたのです。私はこの時小屋の柱に三名の仲間を縛り、その内の一人はその日に死ぬという陰惨な状況をつくってしまっており、そうしたことに不安を感じた美枝子さんに全く道理を無視した非難を行ったのです。こののち私が美枝子さんに命じたこと、やったことは本当に人の皮をかぶったけだものでしかできないことです。自分で自分の顔を殴らせたり、夜中死体を埋めかえさせたり、寒中の柱に立ったままロープで縛って何日もそのままにしたり、その他です。そして、美枝子さんを深夜死に至らしめたのです。美枝子さんは何度もお母さんの名を呼んでおりました。「今にお母さんを幸せにして上げる」という言葉も苦しい中で何度も云っていました。私はそれら全てを「総括できてない」証拠にしていったのです。これが事実です。一片の弁解の余地すらない事実なのです。革命や共産主義の大義や魂を、こうして地獄に叩き込んだ原因は、十二月に訓練に行ってから急に「山でこそ革命戦士化できる」などと考えた事、銃砲で権力を殺す殲滅戦を闘うのだから一日も早くそれを成し遂げようと考えた事、その為にいつでも戦って死ぬ決意をもった革命戦士が必要だと考え、自分の独善的な、頭の中だけの革命戦士像に仲間を無理矢理あてはめようとしたことにありますし、一人の仲間を死なせてからも、それを「革命戦士になろうとしなかったから死んだんだ」と強弁し恐ろしい責任転嫁をしていったことにあります。確かに私達は本格的な革命武装闘争を行う為には全ゆる意味で強くなることを要求されていました。しかしその「強くなること」を一挙に、しかも頭の中で、山の中で成し遂げようとしたのは、とんでもない誤りでした。私が自分の経験ではそうできたのだ、と思い上り勘違いしたことが、その後の全行動を決定したのです。従って美枝子さんを殺した責任、他の人を殺した責任は全て集中して私にあります。ある人が云っている様に私は本当に「革命の暗愚」をつくったのです。お手紙を拝見しましてから毎日おわびのことばかり考えておりましたが、返事を差し上げる勇気がでませんでした。

供養文にありますように、全ゆる心ある人をして誰か憤りを禁じざらんや、というほどのことであり、ましてお母様であればそのお憤りとお悲しみが時をおかず終りなきものであることは私の考え及ぶところのものではないでありましょう。

私は生ある限りそのお憤りを受け続けるつもりでおります。

そして本当の革命、共産主義について考え抜き、革命の利益の為にこの一身を投げ出したいと思っております。

随分勝手の事を申すようですが、私にはこれ以外の道はございません。美枝子さんや十三名の人の霊に誓って終生自己批判の道を歩むつもりでございます。本当に心からおわびして筆をおかして頂きます。

敬具

十一月七日

何よりもおわび申し上げることと、事実をお知らせすることが義務と考えまして筆をとりました。

塩見孝也より行方正時の父へ

一九七二（昭和四七）年七月（正確な日時不明）誤字が多いので訂正　東京拘置所から

拝啓　突然このような手紙差し出させてもらって失礼いたします。私は共産主義者同盟赤軍派の指導的位置にいました塩見孝也というものです。現在ハイジャック事件、大菩薩破防法事件で東京拘置所に拘置されています。

この度最愛の御子息たる行方同志の非業の死に対して私など御父母様等遺家族の方々に対して哀悼の辞など言える資格は全くなく又何の責任もとりきれない身でノコノコ通り一遍の手紙など出して、皆様方の御勘気を一層募らせることは重々承知し、又お詫びしたからといって我々の犯した罪が許されるとはさらさら考えていませんが、どうしても謝罪の一歩を簡単なお詫びの手紙からでもはじめさせてもらおうと考えた次第です。愛する御子息を非業の死に追いやったことを深く深くお詫びさせてもらいます。

自分の抱負とは真反対に味方に裏切られて亡くなった彼が可哀そうでなりません。又このような度しがたい反革命裏切り行為を生み出した私達指導部の責任を痛感します。

この責任は生涯かけてとらせていただく覚悟です。このような天人許さぬ同志殺しの反革命行為を赤軍派や労働者人民が二度と繰り返さぬように全存在をかけて闘う決意です。

さらに、行方君の遺志をひきつぎ、その志を全うすべく私達は、これまでの私達を真剣に思想的政治的（理論的）組織面にわたって点検しなおし、正しく再出発する決意です。どうか日米両帝国主義の侵略ファシズム、生活破壊の大攻撃に打ち克ち全世界の勤労人民と非抑圧民族が解放される日まで私達がこのような責任をとりつづけるよう、厳しい怨み怒り糾弾叱責をもった批判点検をお願いします。（以下略）

塩見孝也より遠山幸子及び遺家族へ

一九七二（昭和四七）年六月二十九日　東京拘置所から

拝啓　遠山幸子様及び遺家族の皆様方へ

突然このような手紙、差し出させてもらって、失礼いたします。私は共産主義者同盟赤軍派の指導的地位にいました塩見孝也というものです。現在、ハイ・ジャック事件、及び大菩薩破防法事件にて東京拘置所に拘留されています。

お詫びの手紙を出そうと思いつつも、自分自身を見失うような混乱に陥り、この整理が出来ず、こんなにも遅くなってしまいました。誠に申し訳ありません。今も整理が完全に出来たわけではありませんが、〝まずは何よりもお詫びの手紙を〟と思いいたり、手紙を通じてお詫びにあがった次第です。

勿論私など一人前に御母堂をはじめとする御家族の方々に対して、哀惜の言葉など言える資格などありませんし、又何の責任も実際的にはとりきれない身ですし、通り一辺の手紙でノコノコと顔を出して、一層皆様方の御勘気を募らせることは、十分承知していますし、通り一辺の手紙で私達の罪が軽減されるとはさらさら考えていません。

だがお詫びだけはどうしてもさせてもらわなければと痛感いたします。

最愛の御令嬢たる遠山美枝子同志を非業極まりない死に追いやったことを深く深くお詫びさせてもらいます。


味方と思われた指導部の裏切り、反革命支配によって、ありもしないヌレ衣を着せられて殺された彼女の怨み、苦しみ、悲しみは如何ばかりのものだったでしょう。又愛する娘の最後をこのような天人許さぬ悪虐非道なものとして確認せざるを得なかった御母堂や遺家族の方々がハラワタの煮えくりかえるような怒りを覚えられたとは当然のことでしょうし、その心中は私等には察するに余りあるものであられたでしょう。

故遠山同志は、私にとっても余りにも身近な戦友の一人でした。六九年四月以来の赤軍派結成を前後とする創生期からの最も献身的で有能な指導的同志の一人でした。彼女の革命家としての経歴は第二次ブンド時代から光り輝いており、このような経歴をもった女性同志は彼女を除いて同盟には誰一人といませんし、彼女は女性革命家として最高に秀でており、男性革命家の中に伍し、立派に任務を果していました。

私達獄中のものに対して、同志的思いやりと的確な政治指導を立派に結合させて、模範的な救援活動を施し、私達を常に勇気づけてくれました。

それに彼女は私の古くからの同志である高原君の妻でもあり、私の妻の友人でもありました。

全ての同志達も、私と同じように彼女のことを思い出せば出す程、彼女の生前の元気に、献身的、自己犠牲的に思いやりにみちて、とびまわっていた姿が想い出され、哀惜に暮れています。

このような度しがたい指導部の反革命・裏切り行為を生み出した責任の一端は、私達第一次赤軍派の指導部にあります。それ故に遺族の方々の非難、責任追求、弾劾、叱責を回避するつもりはありません。

私達指導部の——とくに私に濃厚であった——ゴウ慢、独善、同志愛のなさ、権威主義、下部同盟員をいたわり思いやる作風の弱さ等の旧来の指導部のブルジョア的・スターリン的作風・風格は、森達に一層悪質に受けつがれ、極端化されていったものと思います。そしてこの伝統が輝かしい指導者を創り出す闘いを挫折させ、同志殺しの一つの地盤をつくりだしていったものと考えます。

このような責任については、生涯をかけて、とらせていただく覚悟です。又このような天人許さぬ反革命行為を、赤軍派や労働者・人民が二度と繰り返さぬよう、全存在をかけて闘う決意です。

さらに遠山同志の遺志を引き継ぎ、その志を全うすべく、私達のこれまでの思想、政治、組織面、全般にわたって点検しなおし、正しく再出発する決意です。どうか国際帝国主義の反革命戦争と日米両帝国主義の侵略・ファシズム生活破壊の大打撃に打ち克ち、全世界の勤労人民と被抑圧民族が解放される日まで、私達がこのような責任をとりつづけられるよう、厳しい、忌憚のない怨み、怒り、糾弾、叱責を含めて、批判点検をお願いします。

不十分で無遠慮な手紙故に、お気にさわったことが多々あったでしょうが、おゆるし下さい。乱筆乱文にて。

敬具

六月二十九日

塩見孝也

重信房子より遠山幸子へ

一九七二（昭和四七）年四月十九日　ベイルートから

おばさん
どんなにおばさんが、みえこちゃんを愛していたか知っているので、私から手紙を出せば思い出すばっかりだと思って、和子さんやチビにも手紙を出したかったけど、書くまいと思っていました。でも、モップル社で今活動している昔の私の仲間佐原君（事件後、おばさんに幾度か会ったということですが）から今日、手紙をうけとり、おばさんが私と連絡をとりたがっているということをきいて、出してもきっと許してくれるだろうと思って書き始めています。
結果してしまったことを、とやかく言うまいと思いながら、あまりにも膨大な苦汁に何をして良いのか判らなかった数週間前から、少しづつ、少しづつ私も立ち直りつつあります。でも、おばさん、信じていてほしいのは、みえこや私たちが目指していた革命は生きつづけなければならないし、私は妹みえこがどんな無念の思いで山中で果てていったか、本当に本当に判るのです。そして森、永田等の事実を粉砕することは、警察や日本の権力の側にくっつくことではなく、そして活動をやめて沈黙することでもなく、唯一正しいことを続けること、続けること以外にないのです。

そのことを、私は殺された仲間たちの無限の責任と、殺した人たちの、両方の責任を負いながら、必ず歩いていることを確信していて下さい。これが妹みえことの再会の道です。涙がとまりません。悲しみは悲しみとして泣くことを許して下さい。

私は殺した人たちへの責任を回避しないでしょう。最愛の妹を失う犠牲の上になりたっている革命から逃れることも絶対にしないでしょう。おばさん、判ってくれますか。こんな馬鹿げた情況で直私が、やりつづけようとしていることを判ってくれますか。

和子さんやチビがどんなに後悔しているか判ります。でも、おばさん、みえこは正しいことを正しいことを追求することを止めなかったので、敵または、敵におどらされた党内の愚かな人に殺されるという悪い結果を生んだのです。おばさんや殺された十二人の仲間の両親、友人たちに対話する為に、私は恥をしのんで週刊誌に手記を書きました。あれは、私の父や、母への手紙であり、そしておばさんたち、無数の私たちの親たちにあてて書かねば、殺し合いということで革命を最大悪だと失望する人たちと、永遠に対話出来なくなると思ったからです。そして多分大なり小なり森、永田のように革命を誤解している人は、「ブル新に書いた」ということで私の真意を汲むこともなく、日和見主義だと私を批判するでしょう。

いいんです。必要なことをすることを見ようとしないガリガリ猛者なんか。私はもっと人間性を持っていないと革命は出来っこないと思っている。判って下さい。おばさんに言ったら又悲しませるだけだけど、丁度みえこが殺される頃、ベイルートでみえこに会いました。

暗がりから突然みえこが、「フー」って私を呼ぶのです。フーって呼ぶのはみえこだけだし、びっくりしてふりかえったら例のザックのカバンをさげて、ジーパンはいて、コート着て、みえこが立っているのです。私はびっくりぎょうてんして「どうしたの？　何しに来たの？」って言ったら「帰って来たの」って言うのです。「何しに」って言ったら笑ってるんです。「よく、ここの家が判ったわねえ」って抱き合おうとしたら、よくみたらこっちの私の友人で、似ても似つかない女の子だったの。彼女も「どうしたの？」って言うので我に返ったけれど、その間五分位、ずっとそんなだった。みえこのこと、どうしているだろうってしきりに気になりだしたのは、その頃です。手紙も来なくなったし。

みえこが、私のところまで来たんです、きっと。知らせに。後になって、殺されたと知って、なんかとってもその時のことが気になっています。

みえこは口ぐせの様に「どんなに、今の赤軍がだめな指導者でも、赤軍の産みの苦しみを知っているフーとあたしは絶対がんばらないと、獄中の人や、本当の革命に、たどりつかない」と言っていました。そして多分森や永田に疎外されながら、妹は歯をくいしばって、がんばっていたんだと思っています。

そしてそのことは私がずっと一しょにやって来た五年間の生活からおし計っても、はっきりと判るのです。

毎日喧嘩したし、毎日、彼女は私の生活を、干渉した。そして、私も、彼女の言うことに怒ったりした。でも一時間もしないうちに忘れてしまって、又もとどうりになる。これが私たちの毎日だったのです。彼女は私よりも部屋を片付けることが好きだったし、一番だれよりも誤解なく私を知っていたし、私も彼女を知っていたつもりです。今、彼女との生活が、私の前に幾度もあらわれます。ことに食事をしている時など、ああ、これは、みえこがとっても好きだったものだとか、いちいちうかんで来ます。この手紙を書いている万年筆も、このマフラーも、みんな彼女が私に別れる時くれたものです。決して、一生、私は、妹を忘れないでしょう。忘れることが出来ないでしょう。

書けば書く程、おばさんや、和子や、チビや高木君を悲しませるだけなのかもしれません。本当に、何を基点にして、対話をしていいのか判らないのが現実です。もしも私が日本に居たらという無意味な妄想は考えたくないけれども、自分が居なかったことを後悔しています。

日本の闘う人々は、本当に何かを始めようとする人々程、絶望が大きいことを、私は知っています。

そして、中途半端な自分の過去を、もっともっとつきつめていこうと思っています。こちらの活動も様々な苦しさから言ったら、時には、日本に居る時以上の苦汁です。そして妹は私の苦痛を一番良く判ってくれていたということも私は知っています。赤軍派からは、夏以来、何のたよりもなく、離れ小島に居る様な不安定さの中で、私はここに居る実在を、自分のものとしていく戦をはじめた為に、日本との関係に、そんなに気狂いみたいに考えなくなったのです（手紙を出しても何の返事も来ない不安感は、英語もまるっきり駄目だった私にとって、狂気の思いでした）。

そして闘いの中で、日本の同志たちと会うことを心に決めてやりつづけていたやさきのこの事態は、益々、私を何故か冷静に、無感動にかりたてて仕方がないのです。必ず日本に帰り、必ず彼女のうずくまっている墓に、私の闘いを、決意を告げる日があることを確信しています。みえこの正義を込めた闘いを抱きとめてやって下さい。高原さんにも、よろしく。

一九七二年四月十九日

重信房子

重信房子より遠山幸子へ

一九七二（昭和四七）年五月二十二日　ベイルートから

おばさん、手紙受けとりました。ありがとう。日がたつにつれて、悲しみが深まることは事実で仕方のないことですが、悲しみの中で出合う様々の可能性を拾いあげることを追求して下さいね。

最後の美枝子への手紙には、日本のリーダーと関係を持続することが困難だった私は、いわゆる日本の現在の赤軍派と別個に赤軍の思想を発展させるつもりだということを書きました。来る時から現在に至るまで党からはどんなに私が財政的に困っても一銭の援助もなかったので、どうなっているのか、美枝子に活動の様子を知らせてほしいと書いたのです。その他は別に、こちらの生活の様子を書いただけで、それがきっかけになっているのかということは、私には判りません。先日、関西の友人から受けとった手紙では、大阪に十二月に美枝子が来て、強硬派として意見を言っていたということをききましたが、真実は判りません。ここに来て以来、みえこからも二、三回手紙が来ただけで、連合赤軍からは一切来ないので、十月以降はなんの事情も判りませんが、私なりに持続させ、自分の持場で精一杯やろうと思っています。

高原さんも上原君もどうしているか知りませんが、彼等の悲しみは深く辛いことだと思います。外に居て、日本の情況をはっきりつかめない私としては、どんなこちらからの対話も、リアリティーを持ちえないだろうし、違うもっと困難さを含む場所から一面的に共有することは、今はなにも生まれないだろうと、自分の立場をわきまえつつやりつづけていこうと思っています。

最後にみえこから来た手紙をおばさんに返しますので、彼女の情念をよみとってやって下さい。ちびや和子、高木君にも宜しく伝えて下さい。美枝子の墓に彼女の好きだった、たらこを持って行く日があるかもしれません。空っぽの言葉にしか、聞こえないかもしれないけれど、どうぞ元気で生きつづけて下さい。

重信房子

五月二十二日

永田洋子の母より遠山幸子へ

一九七三（昭和四八）年五月二十三日

前略　お電話頂きましてありがとうございました。当方より先に致すべきところ誠に申し訳ございません。余りの事にてなすすべも思いつかず今日迄大変失礼致しました。

娘さんのおくやみを申し上げると同時に心よりお詫び致します　どうしてどうしてと毎日悲しい気持で亡き方々の御めいふくを祈って居ります。

末筆乍ら皆様お体をお大切に　かしこ

五月二十三日

遠山様

永田

吉野雅邦の両親より遠山幸子へ

一九七三（昭和四八）年七月十日

拝啓

謹んで美枝子様のご冥福をお祈り申し上げます。

先頃思いがけず御目にかかり、又お電話でお話も致し、又子供へのお手紙も拝見させて頂きまして、一日も早くお詫びのお手紙をと存じ乍ら、今日まで延引致しまして申し訳けなく存じて居ります。私共としましてもあの様な事になっていようとは夢にも思いませず、あのやさしい子がと、今でも信じられない思ひでございます。お嬢様のことを思いますと、お母上様をはじめ御家族皆様のお悲しみ、おなげき、お憤り、全て私共の胸にも痛い程よく解り、何をお詫び申し上げても聞いて頂けないのではないかとただただ心から頭をさげるばかりでございます。雪野様の奥様からも御立派なお母様でいらっしゃることをお聞き致し御嬢様もきっとどんなにか素晴らしい方でいらっしゃいましたことかと御想像申し上げて一層申しわけなく断腸の思いが致します。本当に相済みませんことでございました。心から深く深くお詫び申し上げます。

本当は御霊前にお参り致さねばならないのでございますが、御奥様をはじめ御家族の皆様にお会ひ致しますのも余りにつらく、大変勝手ではございますがお嬢様のお好きでしたお花なりと御供え下さいまして私共のお詫びの気持をお伝え頂きます様、伏してお願ひ申し上げます。

軽少でございますが御供へと致しましてここに二万円同封させて頂きますので、何卒御納め下さいます様お願い申し上げます。重ねて美枝子様の御冥福を御祈り申し上げます

かしこ

昨年三月以来、お亡くなりになりました御方御遺族の皆様に対しまして、どんなにしてお詫び申し上げたらよろしいかと一時も心休まる時がございませんでした。

何卒私共の苦衷もお察し下さいまして、この様なお手紙を差し上げますことをお許し下さいますようお願い申し上げます。

再拝

昭和四十八年七月十日

吉野良一
淑子

遠山幸子より中村愛子へ

一九七三（昭和四八）年八月　前橋刑務所へ

私遠山美枝子の母です　あの事件以来一年有余年過ぎようとしています。本当に悲しいことです。

一つしかない尊い生命。地球よりも重い命。たとえどんな理由があったにせよ、うばうということは許せません　天寿を全うするならば別ですが自殺にもひとしい行為正しくこの世の鬼です

自分達の合理化の為理由にならない理由をこじつけ殺したこと。兵士であっても同じ女性同志、寒中にさらして一滴の水も与えず飢えさせたこと、お腹の中には米粒一つもありませんでした。ましてや暴行を加えあなたはその手助けをしてしばったりしてくれましたね。

逆エビにしばってロープでしばってつるして本当にむごいことをしてくれました。そんなことをすれば死に連がることは明らかです。

それも一人でなく十四人の生命をなくしておきながら、その手でよく一年間食事が出来ること。その手をよくみて一年前のことを思い出してみよ。

一年もだまっているその気持オニです。人間の皮をかぶったオニです。

あなたは赤ちゃんを連れて歩いた程の人〔中村は山本順一夫妻の子供を連れて山岳ベースから離脱した〕、どうしてそのやさしい心で助けることをしてくれなかったのですか。私はあの子が六才の時父を亡くしてそれから一生懸命私が育ててきました。あの子の大きくなるのを唯一の楽しみに大きくしてきました。そんなに苦労して大きくしたあの子を二度と帰らぬ様にして。

あなたにも両親や姉妹がいるようにあの子にも私や姉妹があります。

この一年間どんな思いで過ごしてきたか、一日一時間たりとも忘れたことはありません。

犬でも三日飼えば恩は忘れないといいます。鬼の目にも涙ということわざのある様にどんな気持で謝罪の手紙一つ出さず平然として自分の行為を正当化しようとしている態度決して許すことはできません。あなたは永田のスパイですか。

人を愛することが出来なければどんな残こくなことでも出来ます。

自分のやったことはそのままにして、現在自分が生きていることのみ考えて、殺されたものの家族からの追求がこわくて恐ろしくて一日一日のばしてあいまいな態度をとっているその行為、許せません。

リンチに加わって、援助、なぐること。そんなことが革命兵士になれると信じてやったこと。あなたは信じていたのですか。実におろかしいこと。

そんなことは誰でも分かることです。死に連がることがましてや看護婦ではありませんか。人間として生れたからには人間として子供として社会の一員として進むべき途はあります。申訳なかったという言葉すら見受けず平然としているその気持人間ですか。あなたには血も涙もないのか。自分の手を切って赤い血が出るか、赤い血が出ればもっと人間らしい気持、素直な気持にならなければいけません。

いづれ世の中は必ず自分のやったことに対して報いがあります。因果応報です。なぐれといって命令されなぐらなかったこと、アジトにぎもんを持ったことが正しかった。正しかったものをすべて殺したと、永田は言っていますが、あなたまでが手を貸して殺してくれましたね。イラストまで書いてひどい人です。人非人オニオニ。

心あるならばこの親の悲しみ苦しみよくきけ。

私はどうしてもこの一年あきらめることが出来ず四月に榛名ベース跡迄行ってこの目でたしかめてきました。殺しておいて身ぐるみはいで、倉渕村に埋めて、もやした木もそのまま。どんなに苦しかったか。山本順一夫人、吉野、森の手紙により、あの子の最後の様子をききました。本当にむごいことをしてくれました。仮にもあなたは看護婦ではありませんか。人間の限界の程度はわかるはずです。当時のあなたを保護した湖の人にも会いいろいろと話をききました。

町迄出てきているのにどうして通報して、せめて残った人達だけでも助けるをしなかったのですか。うらみます。目的を達するためには手段をえらばなかったのですか。あんな山の中で一体何が出来るというのです。

革命革命と呼びながら残ったものは十四人の殺人のみ。理論の先取りで本当にお粗末でしたね。

私はすべての供述書に目を通しました。自分達の為にみんなを殺してしまい。オニオニ。真実今現在生きているあなたをふくめて、お父さんお母さんがうらやましい。生きているならばこそ面会も出来るし、うらやましい。あの子はどんな思いで死んでいったか。死ぬ時は革命も何もなかったはずです。何が革命か。人の尊い生命、情、そんなもの、すべてをうばって今更革命でも正当化でもないでしょう。人間らしい、この世でごくごく当然のことがなんで理由をつけて殺してしまったのですか。

あなたは広島迄往復しているではありませんか。どうしてその時にでもなんとかしてくれなかったのですか。

あの子は死んでも私の所に知らせに帰ってきました。

三月六日の夜三時半頃、玄関のドアをたたいて、二回たたいて私に知らせてくれました。本当にまだまだこの世の中にしたいことややりたいことがたくさんあったはずです。私のこの手紙に対して返事を書くことはあなたの責任と義務です。自分の責任を果すことです。もっと世の中を広くみて人の愛、人の情を理解する素直な人になることです。十四人の肉親はどんな思いでこの一年暮らしてきたかよく考えてみることです。同封の書文、昨年三月二十一日お彼岸の時、倉渕村のお寺の住職がよんで下さいました供養文です。正しくこの通りです。

親はこの様にして亡き子供をしのんでいます。

生ある限りこの苦しみ悲しみはつづきます。

「良人や妻のかけがえはありますが我が子のかけがえはありません」

遠山幸子

やがて二度目のお盆が近づいてきます。月日のすぎるのは早いものです。

世の中はせまいものです　私の親しいお友達の方があなたのお父さんのお店を知っています。

その知らせをきいたのが丁度あの子の命日としている十三日でした　私では十三日をあの子の命日としています。

中村愛子の父より遠山幸子へ

一九七三（昭和四八）年十月二十九日

朝夕めっきり寒さを感じる頃となりました。

まことに不躾けでございますが、私、中村愛子の父でございます。

昨晩はお電話を頂戴致しまして此の度のことなんとお悔み申上げてよいやら言葉もございません。私共では娘が無事でおりましても、母親などは気も転倒して持病の高血圧が悪化してとうとうこの三月に倒れてしまい、今では半身不随になってしまいました……この様な有様ですのでお宅の皆様方のお力おとしは如何ばかりかと心中よりお察し申し上げます。私共でもあの事件以来文字通り灰色の生活です。

運命とでも申しましょうか？　天罰とでも申しましょうか？　亡くなられた方々のご家族のことを思えばと……　頑張っております。根本的に考えると、革命とかを志ざした指導者をにくみたい気持です。こんな組織に引き入れた……

私共でも皆様と同じ被害者だと思っております。

乱筆乱文ではございますが、取急ぎ書面を以ってお詫びかたがた、お悔み申し上げます。
季節柄　御身ご自愛の程を。

草々

愛子の父より

遠山様

二伸

愛子も前非を悔いておりますので許してあげて下さい。

吉野雅邦より遠山幸子へ

一九七三（昭和四八）年五月十六日　東京拘置所から

御手紙一昨日拝受致しました。七日の消印があり、あまり遅れていましたので看守職員に問いましたところ、八日午後に届いて後、「検閲」とかに時間がかかり、私の手許に十四日午後になってようやく届いた次第です。

先日、母から待合室での事を聞きまして、本当にこれまで長い間お詫びの一つもせずにいましたこと、本当に何より真っ先にしなければならないことを一年以上も延ばし延ばしにしてきましたことを、申し訳なく思いました。日頃、他の在監している仲間と御遺族へのお詫びのことなど話しましても、ついつい裁判のことや、また一体何故あのような取り返しのつかない重大な禍ちを犯してしまったのかを話し合うばかりで、本当にそんなことより前に、せねばならぬことでありながら、今の今までそれもこうして母とのことがあるまで放っておいてしまったことを大変すまなく思いました。すぐお手紙しようと思っていましたら、私宛に手紙を出されたことを知りましたので、お手紙拝見して御返事として書かせていただこうと思っておりましたので、なお遅れて今頃になってしまいました。

　本当にあれから一年以上過ぎた今日まで何のお詫びもせずにいましたこと、心からお詫び致します。本当に申し訳ありませんでした。こちらから進んでお手紙しなければならないのに、この手紙も返事になってしまいました。この一年以上の間、何のお詫びも申し上げなかったことが、お嬢さんの美枝子さんの命を奪うという本当に取り返しのつかないことをしてお母様はじめ家族、友人の皆さんを悲しませ、苦しませてしまったことを、尚一層、深い大きなものにしてしまいました。

　本当に一年有余経った今になって、それもお手紙を頂いたうえでですが、美枝子さんにむごい乱暴をして、冷酷無残にその尊い命を永遠に奪い去ってしまったことを、心の底からお詫び致します。ごめんなさい。本当にお詫びしてすむことではありません。美枝子さんをもうお母さんのもとにお返しできません。本当に申し訳ありません。ごめんなさい。

　何ヶ月か前に「公判通信」という小冊子でTさんのお言葉として「理論などどうでもよい　娘を返してほしい」という遠山さんの御言葉を読んで、美枝子さんが本当にお母さん想いでお母さんを幸せにするために闘うんだ、革命をやるんだと言っていたことを思って、そのような美枝子さんを永遠に帰らぬ命にしてしまったことを一刻も早く謝罪し、お詫びしなければと思いました。

　しかし、同時に本当にどんなにお詫びしどんなに謝罪しても美枝子さんを奪い去った償いはできず、また決して許されるものではないことを考え、遺族の方々のもとに二度とお返しできないと思うと、逆に手紙を出せず、いつか必ずそのうちにでごまかしてきてしまいました。
　本当に申し訳ありません。お手紙読んでどうお詫びしてよいかわかりません、本当におっしゃる通りです。ごめんなさい。
　私に遠山さんのお母さんの又御一家の皆さんへの苦しみや悲しみがわかるといえばおそらく嘘になりましょう。私は、お手紙に書かれましたように、最愛の妻、しかも私との間に出来た八ヶ月の子供を身ごもっている妻を同じように残忍にも死に至らせ、命を奪い去りました。そうして、妻や仲間に愛情を感じたりそれを表わすことはするべきでないししてはならずそうすればそれは〝革命戦士〟として不充分で厳しい総括＝反省が求められると信じ思い込んでいました。そうして人間的な一切の感情をもつことを弱さ、欠陥と考え、自ら、それを持たぬよう努めようとしました。そうしてその都度〝勇気〟を奮いおこして、殴ったり縛ったりしました。殴り方一つ縛り方一つでも同情して加減したり軽く弱くしたりすることは〝闘い〟を不十分にしかやっていないものと考え、そう信じ、自分を鞭うちました。そうやって美枝子さんにも本当にむごい残忍な暴行を加え、苦しませたあげく、命を奪い去ってしまいました
　そうやって何人もの同志を死に追いやりつつ、又自分もどうしても起きてくる人間的な感情のために、自分も厳しい総括を求められるかもしれないと思い、ある時は逃亡することも考えたりするほどでした。

私は逮捕されてからしばらくは、山の中で正しいと信じて疑わなかったように十四人の命を奪ったことは正しいことだと信じ続けていました。同時に、そんな私もやはり本来なら厳しい総括が求められ、縛られたり、或はそれまでの誰よりも酷い情況で総括が求められ、でも自分は闘う気力はもうなくなっていたのでそして誰よりも早く〝敗けて〟死ぬだろうとも考えていました。

しかし実際に十四人のことが明るみに出され自分も山の中ではなく捕われの身となってみると、その気持は急激に変わっていきました。その一番の契機となったのは私の妻ととり出された胎児の写真を見たことでした。本当に可愛想なひどいことをしてしまったという悲しみと愛着と後悔の気持から、どうしてあの時一緒に逃げなかったのだろうか、他の仲間を殺してでも助けて山を降りてしまえば……などと考えはじめ、泣きあかしました。そうやってとにかく十四人もの仲間を死に追いやったことは何あろうと、誤まりだったと思うようになりました。本当に、今更、勝手なことをとお思いになると思います。自分で殺しておきながら、しかも、自分の妻子のことをそう思っても、美枝子さんを含む十三人のことは、思わないなんてとお怒りになると思います。でも、その時は、本当にそんな気持だったのです。全く勝手にもそう思っていたのです。そう思いはじめてから父母に会いました。父が辞職し、また「自分は十七人もの（警察官らを含めて）殺人犯の父親だ」と家で泣きながら母に語ったとか、聞き、また父母をそういう非難や怒りの的という境遇に追いやったことを思い、また、何年か先に私が死刑になる時、父母が悲しむだろうこと、私が死んだあと精薄の兄のため、何の楽しみもなく父母は生きていかねばならないこと、父母のどちらかが死ねば兄をかかえ一人生きていかねばならないことなどを思い、時に大声で泣いたりしました。そうやって自分自身が家族や親や、あるいは妻子のことを考えていく中で私はそれまで仲間の他の十三人と考え又警察官ら三人と考えていたのが、その一人一人の御両親や御家族のことを思わずにいられないようになりました。

私は自分の手で妻や子を死に至らせている。しかし他の親御さん家族の方々は、皆知らぬ間に、しかも元気で確信に満ちて生活しているとばかり思っていた娘さんや息子さんを、しかも二十数年間もの間苦心して育ててきた子供さんを一瞬のうちに他人の手で命を奪いとられ、しかも、むごい残酷な仕打ちを受けたすえのそういう遺体と対面しなければならなかったことを思いました。本当に苦労して、またその成長と行く行くの幸せな生活を楽しみにして二十何年いろいろな苦心をしながら育ててあげてきた娘や息子を、他人の手でむごく殺された悲しみと怒りを思うと、どうしてよいかわからない思いでした。自分が内心では赤ん坊の成長を楽しみに、又お腹の状態を心配しながらも、お腹の大きく不自由な身体の妻に何の力も貸してやれなかったばかりか、そういう感情をいけないことだと思い込んで抑え、逆に最も無慈悲に死なせてしまったことを考えながら、その自分の、自分で作り上げた悲しみと後悔の気持と比べて、他の御遺族の方々の苦しみ悲しみは何倍何十倍もの比べものにならない位大きなものだろうと考えました。

時々ふっーと、それがあまりにも大きなものと思うつらさからのがれたいと思い、逆に自分の悲しみと後悔に埋もれたいとさえ思うこともありました。

私は、御遺族の方々には自分が一刻も早く死刑になることが一番良いことだと考えました。そのようにしても亡くなった十四人の仲間は帰ってこないけれど、でもそれが一番遺族の方々にも納得していただけることだと思いました。

でも私はその気持に徹することはできませんでした。どうしても父母のことを思ってしまい、それでも他の遺族の方々の苦しみや悲しみを考えれば、それで自分の父母が悲しむことは父母に我慢しあきらめてもらうしかないとも思いました。でもすぐ、それは、私がやはりこれまで苦労をかけ、今回やはり大きな不幸をもたらせた父母に抱くことができる気持ではないと思い、その矛盾で悩みました。またこれは本当に許されないことですが、私は逮捕されて以来、許されないと思いつつも、無意識に本能的に自分も生き続けたいという気持がずーっと働いていることに気づいていました。あさま山荘で撃ち殺されるとばかり思い込み、それを覚悟もしていたはずなのに、そのあてがはずれて、銃撃されないとわかった時から決死の覚悟のうらで助かりたいという思いがふくらんできていました。私はそれでどうせ死刑になり、そして、そうやって遺族の方々に、お詫びできるまで死刑になるまでは生きることを許してもらおうと思うようになりました。

ところがそれまでもう絶対に死刑になると信じて疑わなかった私も、刑事に無期懲役の可能性もあるから……と言われてから、それは有り得ないと思いながらも、自分の中で父母への想い、兄への想い、そして自分自身に潜んでいた生きたいという気持とからその無期になる可能性にすがりつこうと思い始めました。本当に許されることではありませんが、その時には、そんな気持になってしまいました。

そうしていくらかでも情状が有利になればとも思い、またそうして真実を供述して転向することが御遺族の方々の願いの一つにも……という勝手な気持から全面的に自供し、更にもう一切「階級闘争」とか「革命闘争」はやめようと思い、自分の思想を変えるよう努力しようと思いました。そしてもし万一死刑にならず何十年でも先に出られたら福祉関係の仕事に精出して、そうして、私達の初志だった不幸な又貧しい人々を幸福に出来る社会を作る為に少しでも役立つことで自分が生き続けることを遺族の方々に許していただこうなどと考えました。そういう生き方をしてお詫びし続けねば……と思ったのです。本当に我がまま勝手にそう思い、そして転向、自供しました。

しかしそうして心に決めてみると私の心の中にはどうしても一つのかげりが出来ました。それは私も含め皆、そして私が命を奪ってしまった美枝子さんも含めて十四人も皆、この社会を本当に差別や不自由や抑圧や酷使などから自由に解放して、経済上の理由やその他あらゆることから生じる不幸などをなくする為には、決して福祉などでは良くならず、根本的に解決されないというふうに考えていた、いろいろ考え抜きながらそう思ったというまぎれもない事実があったからです。私達は個人個人が多少の違いはあっても、本当に強い者が弱い者を支配して、人が人をこき使い、人が人をおしのけて生きなければならないような世の中を正すためには、多くの働く人々が汗水流して作り上げた富を不当に独占しているほんの一握りの富裕な集団を打ち倒して、そういう集団が、日本を思うままに動かし権力をふるうような制度を崩さなければならないと考えていました。経営者が多くの人々をこき使って働かせその人々の作り上げた富を会社のもうけに吸い上げるという今のような制度でなく、働いた分が本当に働いた者のためにそして身体が不自由で働けないものの為に、すべて生かされる、そういう平等で自由な制度を作って本当に働く者の国家を作ろうと考えました。私達は皆そういう革命をやろうと思っていました。だからこそ山であのようなことを犯す前には、お互に精一杯頑張ろうとし又励まし合いながら共に歩んだ仲間であったのです。

私が転向を決心したのは、こういう考えを捨てようと思ったのです。でも私にはこの考えを本当に捨てることは、出来ないとわかっていました。私には、どう考えても、これは正しい考えと思えたからです。私は、これは正しいが自分にはその正しいことがやれないのだ、革命は正しいが自分はやれないというふうに考えまた考えようとしたのです。

私がそう考えようとすれば私は自分が大学に入学してまもなく革命を正しいことだと考え始めて以来の、この五~六年間のすべてが誤まりであったと考えねばなりませんでした。悩み、考え抜いて、それでも努力して、それが正しい道だと信じて自分を鞭うちながら歩んだ、自分の青春といってもよいすべてが、否定されなければなりませんでした。そして、私が、今後その考えを改めて生きるにはそれらをすべてを忘れ去って、過去のこととして流してしまう以外なかったのです。

私は山でのことをも含め、あれは全部悪夢だったと思おうとしたのです。でもそれはとてもできないことでした。又すべきことでもありませんでした。

何故ならそうして革命をすてようと考えることは、誰あろう私が命を奪ってしまった十四人の仲間達の同じように歩んだ道をけなし、彼らの青春をも、全て無にしてしまうことに他ならないことだし、又そうやって自分が山のことを忘れようと思うことほど、十四人や御遺族の方々に申し訳のないことはないと考えたからです。

本当に一時たりといえど、私が山でのこと、美枝子さんの命を奪ったことを忘れたいなどと考えたことは、本当に許されないことでした。本当に申し訳ありません。

私はそれでも一体、ではどうしたら私が命を奪った十四人の方々に報いることができ本当にお詫びができるものかを考えても、すぐにはわかりませんでした。

革命をやろうとしたからあの間違いを起こした、革命をやることを捨てれば、あの同じ道を歩まない正しい道だ、という考えが、十四人の仲間の意にそわないことはわかっても、でもどうしたら十四人の意にそった、そして初めの志を生かした新しい革命の道を探れるのだろうかがわかりませんでした。

でも少なくても、今、自分が生きており、生き残っており、そして十四人の優れた人々の命を奪ってしまったという決してぬぐい去ることのできない事実がある以上、その真実をありのままに明らかにして、そして十四人が間違った理由の為に私達に命を奪われたその真の原因をつきとめることを最低限やらなければならないと思いました。そして、できる限りの力をふりしぼって、もう決して二度と同じ誤ちを繰り返さず、又誰にも繰り返させないように本当に正しくて新しい道を探り出すことが出来れば、それが十四人の本当の願いでありまた私達へ命じた責務なのではないかと考えるようになりました。

遠山さんがお手紙に書かれました通り、本当に美枝子さんの命を奪ってしまったのは何の理由にもならぬ理由をつけてのことでした。

私や責任ある地位にあった者が、全く誤った理由を正当な理由のように作り上げてしまいました。人間であればしかも抑圧された者なら当然もつ当り前の感情、考えを逆に抑えつけ、それをなくさぬ限り革命は闘えぬとしてしまったのです

美枝子さんや、又他の私達が命を奪ってしまった十四人の仲間こそ、本当に貧しく又苦しんで生活している人々や額に汗し泥まみれになって働いている人々の本当の願いと気持が理解できた人達で、本当にそういう不幸なあるいは苦労している人々と力を合わせて新しい社会を作り上げることのできる心を持った人達であったと、今本当に心からそう思います。

私達は本当に遠山さんのおっしゃるようにとても狭い、又思い上がった一人よがりの考え方に陥ってしまっていました。

貧しい虐げられた人々の為に、また抑圧された人民の為にと思いながら、実際に日々汗を流し苦労して精一杯生きぬいている多くの人々あるいは日々の苦しさに喘いでいる多くの人々の声を無視することになってしまいました。

頭の中でそういう人々のことを思い考えても、本当に手をつなぎ共に苦労し共に闘うことをしませんでした。

自分達が献身的に社会から飛び出すようにして運動を作り上げ引っぱらねばならないと思い込んだのです。そのために私達がどんな過酷な情況や困難にも立ちむかえる超人間的な能力を持たねばならぬと思い、そのために実は最も大切な人間的な気持感情を捨てて頑張り耐え抜けねばならないと思うようになってしまいました。

闘う気持をしっかり持ちさえすれば、つまり立派な戦士であればどんなひどい情況でも生き抜けるし闘えねばならないと考えてしまったのです。

突き刺すような寒さと空腹の中でも闘う気があれば生き抜けられるんだ、それに勝つことができるんだと、また自分自身にも言い聞かせて、自分の力を奮い立たせ、頑張ろうと思うようにしていったのです。

本当に今から考えれば殺すためにやったといわれても、全く何の弁解のしようもないほどのひどい事を次から次へやってしまいました。

本当に信じられないような、またとても信じていただけないと思いますが、心の底で闘って総括して共に闘い続けたいと思いながら、でもそういう一切の感情を一生懸命おしころして命を奪ってしまいました。

十四人のそのたびに新しい理由と新しい意味をつけて、そしてそのたびに自分に言い聞かせ鞭うって蛮行を重ねてしまいました。

本当にむごいことをしてしまいました。

もともと平和を願い、自由を求め、豊かな安寧な生活を求めるからこそ、革命闘争を闘うのに、つまり生活の中にこそそういう願いは実現されるのに、私達は社会生活を捨てて、特殊な隔絶した生活をつくり上げてしまいました。

私達が献身的になればなるほど多くの人々ほんとうに手をつなぎ共に前進しなければならない人々から離れて孤立してしまいました。

私は今こうして自分が生きている限り、この生命を美枝子さんや十三人の仲間がほんとうは主張したにちがいない正しい革命の道を自分が精一杯歩み続けることで美枝子さんや十三人の、私達が生命を奪い去った人々の霊に本当にむくいなければと思い堅く心に誓っています。

革命闘争が正しく闘われて本当に働く者が多くの人々が苦しい生活虐げられた生活から日々解放されていくことを美枝子さんや十三人の人たちは望んでいるのではないかと思うからです。

私が最後に聞いた美枝子さんの言葉は「お母さん、美枝子頑張るわ、お母さんのために革命戦士になるわ、お母さんを幸せにするからね」という言葉でした。

美枝子さんは本当に苦労して育てられたお母さんのためにそしてお母さんのような多くの人々のために革命闘争を闘わねばならないことを思い続けていたのだと思います。

本当にそんな素晴らしい美枝子さんを、お母さんの手から、そしてお母さんのように苦労された、あるいは苦労されている同じような数多くの人々の手からも、永遠に奪い去ってしまった私の罪は本当にどんなに責められても過ぎることのないほど大きなものです。本当に美枝子さんの命を元通りにできたら、と思わずにおれません。でも本当にできないんです。本当に申し訳ありません。

私が、私の気持ちやその変遷などを長々と語ってしまったことをどうかお許し下さい。

私は自分の今の気持をどのようにお伝えしたらよいか迷いました。私が私の妻子や父母のことを語ることは、ただそれだけで遠山さんの怒りと悲しみに対して無礼になると思いつつも、でも遠山さんの肉親としての痛苦を、また御家族の悲しみを、私なりに思おうとするとどうしても私の身近な周囲のことを思って、その痛苦の大きさをわかろうとする以外にないように思われたのです。

それでも私には、本当のところ遠山さん御家族の想いの何分の一も理解できず、そのため、この手紙ももしかしたら遠山さんの怒りと悲しみを新たにするだけの無礼なものになりはしないかと心配です。

　私自身のほんとの数少ない経験の中から、お母さんや御姉妹の苦しみ痛みを心の中で想像しながら、でも私の真実の気持を書き連ねました。

　幼い頃、母が、結核の父が何年か療養中で家に居ないというだけで、近所の意地悪な小母さんにひどくいじめられいやがらせをされて苦労したというような話を聞いたことがあります。それとは比べものにならないでしょうが、女手ひとつで三人ものお子さんを立派に育てあげられた御苦心は本当に想像できないほど大変なものであられたと思います。

　私も逮捕されてから今日まで、ちょっとでも妻が好んだ食べ物が出たりすれば、ああこれは好物だった、あのひもじい中でほんの少しでも食べさせてあげられたらと思ったり、又留置場の窓外に赤ん坊を背負った母親を見るたびに妻のそんな姿を想い浮かべたりしてきました。遠山さんのお母さんのこの一年数ヶ月の日々はほんとうによそのお嬢さんを見ては美枝子さんを想い声を聞いては想いの毎日毎時間であられたろうと思います。

　本当に申し訳のないことを致しました。お許しいただける、あるいはお許しいただこうとは思っておりませんが、それでも本当にお許し下さいと言わずにおれません。本当にどうかお許し下さい。

　この一年有余、美枝子さんの死の真相と様子を知るために努力されたことに、これまで長い間何のおこたえもせずまたお詫び一つせずにいたことを本当に申し訳なく思っております。

本当に心の優しいそして素晴しくしっかりしており、情熱をもって社会のために貢献されようとした美枝子さんのかけがえのない生命を奪い去ってしまったことを心の底からお詫びするとともに、美枝子さんの御冥福を祈らせていただきたいと思います。

私は生き続ける限りお母さん方の悲しみや怒りと受け続け、それにおこたえしていく義務と責任があると思います。直接お会いしてお詫びし、お声を聞かねばならないと思います。私の方から出向けず、誠に勝手なお願いですがお会いする機会をお作りいただき、御足労お願いできませんでしょうか。

又大変勝手でお許し願えるかどうかわかりませんが、美枝子さんの御戒名お知らせ頂くわけにはまいりませんでしょうか。

御墓参りが出来ませんがこの中で、御冥福を御祈りさせて頂きたいと思います。

本当に何度お詫びしてもすむことではありませんが、もう一度本当に取り返しのつかないことをしてしまいました。本当にごめんなさい。

今後少しづつでも私が美枝子さんについて知っていること、私のした残虐な行為など隠さずお知らせしていかねばならないと思っております。

本当に申し訳ないこと致しました。

長々と書きましたがそれでも仲々意が尽くせません。
また大変乱筆になりました。
春五月とはいいましても不順な天候が続きます。どうかくれぐれもご自愛なさって下さい。では
これで失礼致します。

敬具

一九七三年五月十六日

吉野雅邦

遠山幸子様

永田洋子より行方正時の父へ

一九七三（昭和四八）年七月二十八日　東京拘置所から

あれから一年半以上がたってしまいました。

接見禁止がとけたら、すぐ謝罪の手紙をだすべきだったのですが、それが今迄できませんでした。何を書いてよいかわからなかったことと、もう一つは遺族の方の怒りにふれるのが恐ろしかったことからだせなかったのだと思います。

今も、何を書いたら、よいのか、わかりませんが、謝罪をさせていただきたいと思っています。

行方さんを私は殺してしまいました。

行方さんが白いワイシャツを着、白い運動靴をはき、笑っていた姿を思いだします。

東大闘争で籠城した際の話を聞いたのを思いだします。

又、革命が起ったらカマキリが殺し合うこともなくなるのかとある老人に聞かれ、返事に困ったといっていたのも思い出します。

お父さん（すみません、こうしかいえないのです）のことをおやじといっていたように思います。

父一人子一人で時計屋さんだというふうに記憶していますが。

今となっては、何故、あの行方さんを殺してしまったのかと思う時もあります。又、行方さんは、日和見主義でも、敗北主義でも、投降主義でもありませんでした。

そして、私は、自分のうぬぼれ、自己中心主義、個人主義、見通しのなさ、性急さを、自分の思想性、階級性として知ろうとしてはいませんでした。

行方さんの最後の様子を思いだすと——緑のコール天のズボンをはいていました——本当にたまらなくなります。何日か前迄は同志であったのに、徹底して残酷で無慈悲の限りを尽しました。このことを何とあやまったらよいのかわかりません。

息がたえだえであり瞳孔が開いたりとじたりしていても、縄をほどくことはできませんでした。いや、そのようなことは考えませんでした。

私は何故か気になり、そーと行方さんの脈をはかったことがあります。ぞーとする程、冷い手でした。そして、かすかに脈がありました。

生の一回性、死の絶対性と、山田さんの奥さんは対策委通信に書いていましたが、本当になんといっていいのか……

もう行方さんはもどってこない。そして私は今生きている。このことを本当にすまなく思います。

私は、最後まで、できる限り元気で権力に対し闘い抜いていこうと思います。

そして、行方さんをはじめ十四名の同志のことを、考え続けようと思います。
私がいえることではありませんが、どうか健康に気を付け、新しい人民の世界に向け生きていっていただきたいと思います。

七月二十八日

行方〇〇様

永田洋子より尾崎充男の父へ

一九七三（昭和四八）年七月三十日　東京拘置所から

今日、会報に載っているあなた（すみません。こうしかいいようがないので）の手紙を読みました。

本当にあれから一年半以上がたつのに謝罪の手紙一つだすことができず、何と、この点も謝罪してよいのか、わかりません。

接見禁止がとけたら、すぐにも、謝罪の手紙をだすべきでしたが、それができず、今日まできてしまいました。何と書いたらよいのかわからず、又私に何が書けるのかと迷い、自分の苦しみにのめりこみ、一方では遺族の方の怒りや悲しみにふれるのがおそろしいような、こわいような……そんなことから書こうとしませんでした。

生の一回性　死の絶対性、このことをうけとめきれません。もう尾崎君はもどってこない、このことをどう考えたらよいかわかりません。でも自分の苦しみにのめりこむのはまちがいだと思っています。遺族の方の苦しみは、私に想像できない位のものなのですから。

私の両親や妹も、いろいろなことがありましたが、そして、私に死んでいてくれた方がよかったといい、一方、私が一日も早くおとなしく死刑になるのを待っているようなことをいいますが……母や妹は面会に来ませんが、それでも、私の両親や妹の嘆き悲しみ苦しみの比ではないと思います。いくら死んでいてくれた方が（両親の一方的ないいかたですが）いいといっても、そういえる私は生きているのですから……

今も何を書いたらよいかわかりませんが、遺族の方の悲しみからのがれることができないのはわかります。又のがれようとするのは、いけないことだとも。

おそくなりましたが、謝罪をさせていただきたいと思います。

私は尾崎君を殺してしまいました。

尾崎君は日和見主義でも、敗北主義でも、投降主義でもありませんでした。

そして私自身は自分のうぬぼれ、自己中心主義、個人主義、見通しのなさ、性急さ等の思想性・階級性を問おうとはしていませんでした。

尾崎君の学生服を着た姿が目にうかびます。めがねをかけてひょろひょろと背の高い尾崎君。その尾崎君を「決闘」のあとをのこしたまま――血がでて、顔がはれていました――セーター姿で、素足のまま、かもいから、つるしたのです。

私自身「夜番」をして、尾崎君が声をだしたということでお腹を二―三回なぐっています。

でも、私が一番思うのは、何故尾崎君に親身になれなかったのかということです。

尾崎君と一定程度は親しかったと思っています。水大の寮から呼びだして、話し合ったこともあるし、二人で夜道を話しながら歩いたこともあります。七〇年の最初から知っているのですから、警察の尾行や情報収集が激しい中で、はげまし合ってきたはずなのに。

尾崎君の悩みを聞いたこともあります。苦しそうな顔をして、又、心から笑っていた顔も覚えています。その尾崎君にたいし徹底してむごいことをしました。

尾崎君はひっそり死んでいました。

尾崎君が着ていたセーターは、お母さんかお姉さんが編んだものとかいっていました。

尾崎君はよくお母さん、お姉さん、そしておばあさんのことを話していました。

尾崎君は何を最後に思ったのでしょう。

かもいからつるされ、尾崎君は、私の名前をよくよんでいました。

私は、この当時、縄をとくことなどできませんでした。

でも私はこの暴力がまちがっているといい縄をとくことができる立場にいたと思います。

そして私は縄をとくことなどできなかったのです。しようとしなかったのです。

寒いだろう、空腹だろう、痛いだろう、苦しいだろうと何故考えなかったのかと思います。

しかし、放っておいたのです。

尾崎君が死んだ時、何故涙をのみこんでしまったのかと思います。

何を書き、何と謝罪してよいかわかりません。

謝罪の気持ちを伝える以外ありません。

私は、今後最後まで権力とは闘っていこうと思います。こんなことをいえる立場でありませんが、どうか健康に気を付け、新しい人民の世界に向って生きていっていただきたいと思っています。

七月二十日

尾崎様

永田洋子より遠山幸子へ

一九七三（昭和四八）年五月二十八日　東京拘置所から

今迄謝罪の手紙一つだ さないでいたことを深くお詫びします。

謝罪の手紙をださなかったのは、粛清の張本人としての責任から逃げてい、この逃げていることに慣れていたからだと深く反省しています。

接見禁止がとけたら、一番に遺族の方にお詫びするべきでした。

私は、自分の粛清の張本人としての責任をあいまいにし、一方では、遺族の方の怒りにふれるのがいやだったのです。恐ろしかったのです。実際には遺族の方のお気持を考えようともしていなかったのだと思います。

遺族の方のお気持を考えていなかったことを深く恥じています。

本当にごめんなさい。遺族の方に、お詫びをこれからしてゆこうと思っています。

遺族の方に、私がお詫びをどのようにできるかわかりませんが、してゆこうと思います。

私が遠山さんを、他の十三名と同じように殺したのです。遠山さんは、あの粛清に疑問を示した人であり、他の同志を殴れとの命令に対し「私にはできない」といった人です。

遠山さんが正しかったのです。又山岳アジトにも疑問を持っていたと考えます。

この遠山さんの正しい疑問を皆で考えるのでなく、私がこの疑問を受けとめず、いやそれどころか、あの言いようもない程の苦しさと絶望を与え、殺してしまったのだと思います。

遠山さんは苦しいから腕を切ってといっていましたし、よく「お母さん」といっていました。

「お母さん、みてて、美枝子頑張るから」「お母さん今にしあわせにしてあげるから」といっていました。この言葉をさえ、私たちは攻撃したのです。

沢山書かなければならないと思いますが、やはり難しくなかなかできません。

本当は最とも団結しなければならないのに、徹底して無慈悲に殺してしまったのです。

遠山さんがあれ程「お母さん」といっていたあなた（すみません、何といっていいのかわからないのです）に何と謝罪をしていいのかわかりません。しかし心から謝罪をしたいと思います。

謝罪をしつづけていきたいと思います。

私には、何もいいたくないかもしれませんが、聞きたいこと等ありましたら、できる限り答えるつもりですから、どうか知らせて下さい。懸命に考えて答えるつもりです。

住所は家から連絡があって知りました。（五月二十六日）

遠山さんと書き、気に障ると思いますが、これしかいいようがなかったのです。

失礼な手紙になったかもしれませんが、お許し下さい。

私はあなたからどのようにいわれようと、素直に考えるつもりです。素直に謝り考えなければいけないと思っています。

どのようなお気持で過ごしていらっしゃるか、私には想像もつかないものだと思いますが、そのお気持を今後いかなる時でも忘れないでいようと思います。

だんだん暑くなります。どうか健康に気を付けていただきたいと思います。

永田

一九七三年五月二十八日

遠山幸子様

山本順一の妻の姉より遠山幸子へ

昭和四十八年三月五日

前略

初めてお便り致します。誰だろうとお思いの事と思います。私は山本順一の妻の姉の〇〇〇〇です。

先日、阿久澤先生〔山岳ベースで死亡した山本順一の妻の弁護人。山本夫妻は嬰児と三人家族で入山した〕に電話致しましたら遠山さんのお母様が妹に逢いたいと云われ、一しょに面会に行ったとの話をして下さいました。

お母様には何のなぐさめの言葉もございません。なのに妹にやさしい言葉を下さったと聞きました。娘さんをあの山中で殺され、どんなに苦しい毎日をすごしておいでかと思えば、涙ばかりが出てきます。義弟が（妹の主人）がわたしの家にお産に来ている妹をつれに来たとき、せめて正月までと引きとめておればと、いつも亡くなられた方々には申しわけありませんが思う毎日です。

この一年間自分がどうやって生活して来たかわからないぐらいの毎日でしたがお母様のことを思

えば生きている妹に、又妹の子のことあれこれと云いたいことがあっても何も云えません。妹はいつも私と逢う(面会)と殺された方がどんなに苦しんで死んだかもしれないといつも涙ながらに罪のつぐないをして、社会に帰れるときにはまず死んだ方達にお花の一本線香の一本も上げさせてほしいと云っています。主人に連れられ父母子三人仲良くくらせると云って行ったことが山の中さつばつとした中だったと先生にも聞きました。

お母様にはほんとうにすまなく思います。

生きれた妹母子をおゆるし下さい。死なれた娘さんにもすまなく思います。

お母様　世間はいろいろと云いますが今はじっとたえなければなりません。お母様もさみしいつらい毎日だと思います。お母様ほんとうに妹にやさしい言葉ありがとうございました。ほんとうにお礼の申し上げ様もございません。妹はあんな所にいます。今は便りも書くことも出来ません。つらいことがあったら年若の私のことですが私にぶっつけて下さい。お願いします

何一つ忘れることの出来ない日々です。お母様お体大切に。では乱筆乱文にておゆるし下さい。

山本順一の妻の姉

昭和四十八年三月五日夜

遠山幸子様

山本順一の妻より遠山幸子へ

一九七三（昭和四八）年四月二十日（前橋刑務所から）

前略
突然の御手紙を差し上げる不躾をお詫び申し上げます。

去る二月二十四日の面会とっても嬉しゅう御座居ました。

遺族の皆様には、私の方よりお詫びの御手紙を差し上げるべきですのにこの様に遅くなりまして申し訳け御座居ません。そして一年も面会を待っていただき申し訳ないばかりで御座居ました。

松本刑事様にお母様のお噂を御聞き致し、直ぐにでも皆様の処にお詫びに行きたいと何度思いました事でしょうか。

女手一つで御苦労されて美枝子様、御姉様二人を育てられた事は血の滲むような大変な事だったろうと、私なりに想像致し皆様の大切な美枝子様を惨い死に追いやりました責任を強く感じ深く反省致し心の底から皆様にお詫び申し上げます。

美枝子様とは昭和四六年十二月三十一日に榛名ベースで始めてお逢いし、明るい愛情の深い女性だなあーと私は一人思い、ベース内の何の友よりも親しみを覚えました。そして翌昼頃私と金子様にお米のおにぎりを下さり喜んで食べたのが昨日の事のように思い出されます。

美枝子様を思い出す度においしかったお米とかつをぶしの味が忘れられません。それなのにこの私は美枝子様の為に何一つ恩返しする事なくお母様の名を呼び自分を励ましてみえた時早く自由な身体にしてやって欲しいと心の中で叫んでいるばかりで御座居ました。

何時も面会所に行く度にこんな喜びを美枝子様始め亡き友に分け与えてやれなかったのかと、残念で申し訳ないことと思っています。何の人よりも私は年長者で社会生活も長く友の死に涙を禁じられるまま親子三人のみの生命の事を考え過しました事は私大いに自己批判致して居ります。

多くの友の尊い犠牲の下に私と娘の生があります事は深く感謝致している次第で御座居ます。そしてこうして生きられる事がすまない申し訳けのない事と思って居ります。

お母様始め皆様が美枝子様亡き後お淋しい毎日を過してみえます事を思います度に心の底からすまない事と思って居ります。何時の日か法の力で社会復帰させて頂きましたら勝手なお願いでは御座居ますが亡き美枝子様の御仏前にお詫びの御焼香を御許しいただきましたらと伏してお願い申し上げます。

過日、お母様が私にお諭し下さいました通り夫の忘れ形見と共に、美枝子様の分も一生懸命努力致し頑張って残る人生を再びこのような罪を犯す事なく立派に生きて行きます事を、堅く御約束申し上げます。
最後に亡き美枝子様のご冥福とお母様始め皆様の御健康を房の中より御祈り致して居ります。

草々

昭和四十八年四月二十日　前橋刑務所在監中

山本　拝

遠山幸子様

取り敢えず来る四月二十三日前橋刑務所の先生方の御理解で亡き友の供養読経をしていただける事に相成りました。

遠山幸子から阿久澤浩へ

一九七三（昭和四八）年二月

昭和四十七年五月一日に現地にお参りに行きました。その節　群馬県警の松本氏（山本順一の妻を調べた人）が、美枝子の最後の様子があまりにもあわれで声が耳について離れないどうしてもお母さんに会って……という事をきいておりましたところ丁度二月二十二日、阿久澤先生の御努力で前橋刑務所に山本順一夫人を尋ねて面会し私のこの目でこの一年であの子の最後の様子を聞いてきました。実にひどいことです。又非常に悲しい事でしたが自分自身を納得させる以外何もありませんでした。そして一日も長生きして供養してやるのは親の私達しかありませんもの。

＊阿久澤浩は山本の妻の弁護人。群馬弁護士会。

山本順一の妻より遠山幸子へ

一九七三（昭和四八）年五月　前橋刑務所より

前略

御丁寧な御手紙ありがとう御座居ました。

雪解けを待って榛名ベース跡へ行って確かめてくださいましたそうで、お母様の御心を思うと同時にどんなにか転がってでも逃げたかったか知れない気持を納得していただいて、美枝子様もあの世で嬉しく思ってみえる事だろうと一人泣いて居りました。一月二日深夜、森の命令通りに一人で小嶋さんの死体遺棄をやってみえたら、必ず逃亡できましたのに、永田が森の命令に待ったをかけたばっかりに……。

お話は変りますがお母様が御願いされました通り、行方、尾崎、寺岡様の方へ御手紙を差し上げました。御安心下さいませ。これからはお母様の励ましの御言葉を思い出して頑張って生きて行く事に致します。

それでは美枝子様の冥福と、お母様始め皆様の御健康を心から御祈り申し上げて居ります。

草々

遠山幸子様

注（遠山幸子による注記）

昭和四十八年四月八日、倉渕村蓮華院お参りの後寺岡様御夫妻と同行して榛名ベースの跡迄行って実際にこの目でこの耳で確かめてきました。

春とは云えやっと今日湖の氷が解けはじめたところでした。山の中は未だ残雪で道が凍っていました。

アジトの跡には燃え残りの木がそのまま弾こんのある樹木……すべて当時のままでした。

山本順一の妻より遠山幸子へ

一九七三（昭和四八）年六月五日　前橋刑務所より

前略　お手紙が届きます頃はうっとうしい梅雨で御座居ますね。お母様にはお変りなく御元気で居られますでしょうか。御多忙の中をお手紙有難う御座居ました。先日の供養読経には法名を存じませんでしたのですが、これからは法名で供養をさせて頂きます。

美枝子様と同年頃の娘さんを見られては、美枝子様の好物を手にされ、遺品を前に何処かで未だ生きてらっしゃるような、（お母さん）と呼んで下さるような御気持の毎日、待っても帰ってこない美枝子様の亡い淋しさ、代って死んであげたかったのにと、痛さ苦しさをあれこれと悔やまれ……。

血と肉を分け与えたお母様の長年の御苦労の分身の美枝子様をお母様の生きる総べてを未来を、私達は勝手に毟り取ってしまいました。本当に申し訳け御座居ません。すまない気持で一杯で御座居ます。どうか罪深い私達を御許し下さいませ。御蔭様で五月八日、最終弁論を終えることが出来ました。御遺族の御立場でありながらお母様が私と共に阿久澤先生の弁論を喜んでくださいます広い御心に深く感謝致して居ります。有難ぅ御座居ます。

娘も最近は一人で走り廻り、良く話すそうで御座居ます。先日姉と二人で主人の墓参りに行き、姉が拝むと背中の方で小さな両手を合せ（ナンナンナンナン）と云って拝み、姉が亡き主人に話しかけると、しゅんとなって姉の背中に顔を伏せていたとか。罪の無い娘に行く末、不幸を背負わせてしまい泣くに泣けません。そんな時、何時も美枝子様の死の悲しみを乗り越え労わり励ましてくださる御手紙を何度も何度も読んで日を送って居ります。

お母様の御心痛や亡き友の惨い死からしますれば、私のは甘えかもしれません。人生の苛酷さが身に染み、それ故に一生懸命頑張って生き続けなければと思って居ります。

私のような者に何時も広い心を寄せてくださいまして心から深く感謝致しております。

うっとうしい梅雨になりますがお母様も御身体を御自愛くださいます様にお願い申し上げます。

御家族の皆様へ何分よろしくお伝え下さいませ、美枝子様の冥福を御祈り致して居ります。　草々

六月五日午前中　山本拝

遠山幸子様

山本順一の妻より遠山幸子へ

一九七三（昭和四八）年八月十日　前橋刑務所より

前略　暑中御伺い申し上げます。

お手紙ありがとう御座居ました。

皆様には長い間辛い毎日でありました事と申し訳けない気持で一杯で御座居ます。

亡くなった方々の二度目のお盆前に判決をいただきました。温情のある判決を頂戴し、亡き人々肉親の皆様には本当にすまない事と思って居ります。

無性に悲しい腹の立つ日もあり、遠い遠い世の中の出来事のように思われる日もあり……のお辛い淋しいお気持、私良くわかるので御座居ます。

どんな身体でも良いから生きてだけはいて欲しかったのに、同じ志を持って結集した友の手で、一片の弁解も許されず、果てしのない暴行、暴言の限りを尽され、お母さん思いの美枝子さんを亡くされたお気持何とお詫び申し上げて良いのか、心からすまない事と思って居ります。

あきらめ、耐えて美枝子、美枝子と名を呼ばれて、過してみえるのが身に染みて分かります。

残る二年八ヶ月一生懸命務めます。

私の人生につらい悲しい事があろうとも、あの忌まわしい山のようなつらい悲しい事はないでしょうし、又亡き人々のような惨い死も痛みも苦しみもなく生きられます事は、しあわせなことで御座居ます。

泣こうとしても、とうに涙も涸れてしまい、とめどもない後悔ばかりが私の心をしめつけます。どんな思想も価値も、私にはもう何も要りません。ただ欲しいのは、不幸な娘と抱き合って眠れる夜が欲しいのです。

そんなことを考えているうちに、涙がよみがえるのです。

お母様が遠い懐しい日々を想ってみえる姿が分かるような気持が致します。

美枝子様の仏前に私の判決御報告下さいます様に、前刑〔前橋刑務所〕は旧盆に読経（供養）をして下さいますとか。亡くなられた方々には報告致すつもりで御座居ます。

これ迄の暖かい心遣い嬉しく、心から感謝申し上げます。御心に報いられます様に、一生懸命頑張って、一日も早く社会復帰を許されます様務めます。

酷暑の砌、御身体を大切にお過し下さいますように。

お手紙本当にありがとう御座居ました。

草々

八月十日午前中

山本拝

遠山幸子様

山本順一の妻より遠山幸子へ

一九七三（昭和四八）年八月十七日　前橋刑務所より

前略　雨が少なく毎日お暑い日々でお母様にはお変りなくお過しでしょうか。

二度目のお盆供養を済まされ新たな悲しいお淋しい事とお察し申しあげます。

今日（十七日）前刑の先生方の御厚意でお盆の供養読経をしていただきました。お香ときれいな百日草の花をお供えしていただき、亡き人々の冥福を祈りました。お母様の申される人の情けが身に染みます。

私の近くを赤トンボが舞い、蝉が飛べば、あれはきっと亡き人の代りの姿だなあ――何時もあの世からやさしく私を見守ってくれている、ありがたい――、それに比べ過日の私は、亡き人に、友らしい何をしてあげたのかと、大きな大きな悔いが胸をしめつけます。

亡き人々の冥福を心の底から願い、一日も早く社会復帰を許され、娘と共に墓参りができますその日を希望に、一生懸命刑務に励げみます。

これ迄お母様が美枝子様の死を乗り越えて、私のような者に寄せて下さいました暖かい心遣いを忘れる事なく生きてまいります。

　暫らくお便りを差し上げられませんが、どうかお母様もお身体に気を付けてお暮らしくださいますよう、この身が何処に在りましても皆様の御健康と、美枝子様の御冥福心からお祈り申し上げて居ります。

さようなら

八月十七日午後

山本　拝

遠山幸子様

山本順一の妻より尾崎充男の父へ

一九七三(昭和四八)年五月二十一日　前橋刑務所より

前略　突然のお手紙を差し上げます不躾をお許し下さいませ。

事件から早や一年以上経過、皆様には最愛の御子息亡きあと無念な御淋しい毎日を過してみえます事と思いますに、未だ生きることのできた若い御子息始め多くの友をあのような惨い姿でおかえし致し責任を強く感じ深く反省致して居ります。そして今日、友のような苦しみもなくこうして生きて居れる事が本当にすまない申し訳けのない事と思って居ります。

残る人生、多くの友の惨い死を忘れる事なく、再び私達のような集団を世に出さぬその一片の役割をこの場の私が果たせればと願い、亡き友の冥福を祈り、罪の償いに一生懸命務めたいと決意致して居ります。

去る五月七日の最終弁論を終え来る八月二日午前十時判決言い渡しのみと相成りました。御知らせ申し上げます。

先日、遠山様より御手紙を丁戴いたし、皆様へ御子息の最後を知らせて欲しい旨ありました。私の記憶も薄れましたが書いてみる事に致しました。

十二月二十六日、私入山の時は既に幹部の一方的な命令を受ける体制で自由な意志で発言はできない状況でした。命令で同夜小嶋、能敬君の総括の援助（殴打）を非妥協的に参加され、全体討論の中で尾崎君が自己総括された二点が永田らの糾問が続き早くやれと命令ありました。

十二月二十八日、森・永田・坂口・山田・吉野・金子・私（小嶋・能敬＝総括中）の残っている中で尾崎君への具体的な総括がはじまりました。尾崎君は柴野君のような革命兵士になりたいと総括され、それなら柴野になれと強要され、坂口と格闘が一〜一時間半続き尾崎君は二、三メートル突き飛ばされ、何度もうずくまれたり、激しい格闘のあとは吊るしてある衣類、シートなどに尾崎君の鼻血や唇が切れたり歯茎からの血でいっぱいでした。顔、手足が腫れあがり、内出血の箇所がありました。手当は金子さんが永田に命令されるのを手伝って湯で顔、手足を拭き、オロナイン軟膏を摩り付けるのみでありました。一度も痛いと申されませんのに私は一度染みませんかと聞きましたが、頭を横に小さく振られ、じっと耐えてみえるのが良く分りました。

永田の許可で寝袋に二、三時間横になってみえ（総括要求）夕方六時頃ジャンパーを要求されたのが永田に知れ（声が大きく）寝袋より出され、永田、坂口らに殴られ立っての総括になり、その夜、二人一組の夜番の誰かに鼻血を拭かれるチリ紙を尾崎君が捜して居られるのがみつかり、永田、坂口らに叱られ殴られてみえ、翌朝頃その事が総括態度が一方的に悪いという事でベース入口のカモイに吊され、後手に縛られました。死亡される迄吊されてみえました。死亡される夕方に前沢らが殴ったり蹴ったりの暴行を特に女性はただ見守るだけで御座居ました。死体は一月五日深夜始めてみました。それは車の運転は私が命令でやりました。運転させられる不運を嘆きました事か、それ以上に勇気を出して仲間に対する一方的な幹部のやり方を批判・抗議をすべきでした。他の誰よりも私は利己主義に徹して居りました。何一つ御子息の為にしてさしあげる事なく、挙げ句、亡骸をあのような淋しい杉林に遺棄いたしました事、心の底から深く御詫び申し上げます。

尾崎君は赤軍以外の人から（ダック）と愛称で呼ばれ、主人とは兄弟のように仲が良く、主人が坂東と赤軍ベースに行く前も話し合ってみえたのが脳裏から離れません。二人共静かな性格で、食事、作業、暖をとるマナーが重い荷をすすんで持ち、軽い荷を他人に譲る精神の持主でした。

やさしかった二人の死を思う度に時々、この場が耐えられず、それ以上に皆様の嘆き苦しみを思い、この胸がすまなさにいっぱいで御座居ます。

何日の日か、法の力で社会復帰させて頂きました暁は、御子息の御墓前に御詫びの御焼香と皆様に積もる御詫びを申し上げに参上したいと思って居ります。

どうかその時は御焼香を御許しいただけますように、心から御願い申し上げます。

去る四月二十三日、前橋刑務所の先生方の御厚意で亡き十四人の供養読経をしていただきました。

最後に亡き御子息の御冥福と皆様の御健康を房の中より御祈り申し上げます。　草々

五月二十一日

山本　拝

尾崎〇〇様

山本順一の妻より行方正時の父へ

一九七三（昭和四八）年五月二〇日　前橋刑務所より

突然の御手紙を差し上げます不躾を御許し下さいませ。

事件から早や一年以上経過、皆様には最愛の御子息亡きあと無念な御淋しい毎日を過してみえます事を思います度に、未だ生きることのできた若い御子息始め多くの友をあのような惨い姿でおかえし致し責任を強く感じ深く反省致して居ります。そして今日、友のような苦しみもなくこうして生きて居れる事が本当にすまない申し訳けのない事と思って居ります。

残る人生、多くの友の惨い死を忘れる事なく、再び私達のような集団を世に出さぬその一片の役割をこの場の私が果たせればと願い、亡き友の冥福を祈り、罪の償いに一生懸命務めたいと決意いたして居ります。

去る五月七日最終弁論を終え来る八月二日午前十時判決言い渡しのみと相成りました。御知らせ申し上げます。

先日、遠山様より御手紙を丁戴いたし、皆様への御子息の最後を知らせて欲しい旨ありました。

私の記憶も薄れましたが書いてみる事に致しました。

　十二月三十一日尾崎君死亡後、赤軍のベースより主人の車の運転、坂東の案内、行方君、進藤君、遠山君と三名黒っぽい登山スタイルで到着、三名は坂東より榛名ベースの総括状況（小嶋、能敬君）説明をされ各自の自己犠牲を命令されてみえたそうです（尚、坂東、主人の留守中に尾崎君の総括がありました）。新らしい三名を加え幹部の一方的な総括に対する命令あり、それは総括中の人と対話をするな、非妥協的に闘争（援助＝殴打）しその中で自己総括をやり切らねば死以外ないというものでした。幹部と私達兵士の間は同格でなく自由な意志で発言はできず私が十二月二十六日入山の時はすでに命令的のみという状況でありました。

　一月一日進藤君への援助が積極的にやらなかった（殴れと云われたが後命令で殴打参加）理由が総括材料になり、その総括の一つとして遠山さんが小嶋さんの死体遺棄命令され、寺岡君の命令で遠山さんを手伝わされたが許されず、一月四日頃行方君への総括が始まりました。榛名到着して直ぐ進藤君が死亡、遠山さんが縛られ苦しんで居られ、今度は自分なのか組織に対し何の損害も与えていないのに仲間にこんな取り扱いを受けるのか、何の為に榛名ベースに移動して来たのか、逃げようにも逃げられない状況の認識で恐怖にふるえられ、両眼球が異常に飛びだしてみえました。

　板の間で正座を強要、森始め赤軍のメンバーが中心になり、かつての活動の糾問をしながら肩や背中を小突かれてみえました。行方君の声は私には良く聞えませんでしたが一生懸命自己総括をやられましたが、森ら一方的に不充分だと言い、長髪を散切りに切り、正座の状態で総括を要求、一月六日か七日に総括不充分で柱に縛られ、次はエビ状に縛られました。この間二人一組の夜番の人の話では数をかぞえられたり子守唄を唄われたりして苦しさを耐えてみえたようで御座居ます。その場所はベース内で一番寒く、窓をはめ込んであり、一センチ程のすき間風が通る処でした。

七日夜六時、遠山さんが亡くなられてからは目を閉じてみえ、森らも時々傍に行って総括はどうかと糾問してました。一月八日から九日夕方七時、静岡市へ命令で車の運転をして帰りますと、行方さんの姿はベース内にはありませんでしたので留守中許される事なく無念な思いだったろうにと肉親に知られず一人逝く淋しさを思いました。

遺体は遠山さんと共に主人が命令で車の運転をしています。

遠山さん以前のように全員で殴る事は一度もないでしたが、森ら（永田除く）幹部と赤軍のメンバーが直接手を下して居ります。ほとんどの兵士は見守るのがやっとでした。

一月五日〜六日　倉渕村四遺体遺棄の車の運転

一月七日　渋川市前沢と食糧買い出しの運転

一月八〜九日　静岡市へ荷物を取りに行く

右の通り外出をしています。勇気を出して通報して居りましたら遠山、行方君は勿論のこと、後の六名の人も助かっていた事を思いますと、他の誰よりも利己主義に徹して居りましたこの事を自己批判致して居ります。

心の底から皆様に御詫び申し上げます。

榛名ベースで行方君とは初対面で御座居ましたが、静かなすなおな深い同志愛の持主で御座居ました。

赤軍ベースは米、インスタントラーメン、缶詰、野菜が豊富だったそうです。服装もさっぱりしてみえ、手足も清潔にして居られました。

不充分かと思いますがこれにて御許し下さいませ。

何時の日か法の力で社会復帰させて頂きました暁は、御子息の御墓前に御詫びの御焼香と皆様に積もる御詫びを申し上げに参上したいと思って居ります。どうかその時は御焼香を御許しいただけますように、心から御願い申し上げます。

去る四月二十三日、前橋刑務所の先生方の御厚意で亡き十四人の供養読経をしていただきました。

最後に亡き御子息の冥福と皆様の御健康を、房の中より御祈り申し上げます。

五月二十一日

山本　拝

行方〇〇様

遠山幸子より山本順一の妻へ

一九七三（昭和四八）年五月二十五日　前橋刑務所へ

お手紙ありがとうございました。早速お返事と思っていましたが、大変おそくなりましてごめんなさい。

あなたのお手紙と前後してお姉様からも電話いただきました。

本当に年月の過ぎるのは早いものです。でも一日一時間といえどもあの子のことを忘れたことはありません。寒いにつけ暑いにつけ、今頃生きていればとそればっかりです。親とはそんなものです。実に悲しいものです。その節お姉様がおっしゃっておられました皆様の戒名の件

行方様　　青雲正覚居士
尾崎様　　法苑充道居士
寺岡様　　慈光院釋恒信
美枝子　　雪山美芳信女

以上です

美枝子は冬の雪の山で死んだのでそういう戒名をお寺さんがつけて下さいました。いろいろの事は新聞でしか分りませんが先日の裁判の時の阿久澤先生の事、私うれしく思いました。どうぞ一日も早く社会に出られますことをお待ちしています。

五月とは言え気候も不順ですし充分身体に気をつけられますように。又〇〇〇ちゃんの為にも頑張って生きつづけなければいけません。何度も言うようですが決して離してはいけません。しっかりとにぎって大きくして育てて下さい。お母さんは〇〇〇ちゃんにとってはあなた一人しかないのですから。辛い事苦しい事もあると思いますがどうか自分に与えられた運命ですから精一杯闘って下さい。世の中をせまくみないで広くみて人に話すか話さないか、みんなそれぞれ苦労はありますが一生懸命頑張ってそれぞれ生活しているのです。人の愛情、情を理解して、お互に頑張りましょうね。

遠山幸子

山本　様

岩田平治より遠山幸子へ

一九七三（昭和四八）年七月九日　長野刑務所より

拝啓

私は、元連合赤軍兵士の一人だった者で、現在長野地方裁判所で二件の殺人、四件の死体遺棄、爆発物取締法違反等の罪で分離公判中です。

過日、統一公判の吉野氏より、貴女の御手紙の写しのコピーと、彼の遺族の方々へ各人が謝罪の手紙を出そうというアピールが届きました。

私も、遺族の方々にお詫びしなくてはと思いつつも、自らの怠惰のため今迄何の謝罪もせずに過して来てしまいました。事件から一年半も経ってからになってしまい申し訳なく思っていますが、お詫びしたいと思いこうして漸く手紙を書いている次第です。

私も貴女の大切な娘さんであった美枝子さんを殺した仲間の一員です。謝って済むことではありませんが、本当に申し訳御座居ませんでした。しかし貴女の悲憤の前で、謝罪の言葉が何の役にもたたぬことを思うと、自らの謝罪の言葉が虚しく、白々しくさえ感じます。失なわれた生が再び戻らぬことを思うと謝罪や罪の償いなどはとうてい出来る筈がないとさえ感じます。

〃同志〃の非情な仕打のなかで、寒さと飢えと苦痛と闘いながら息絶えた人の苦しみや、又、そうして最愛の息子や娘さんを奪われた人々の怒りや悲しみが一体償えるのかと考えるとき、いくら〃革命〃によって素晴しい社会が来たと仮定しても、決して償えぬと結論せざるをえません。現在、私は一切の苦しみや悲しみを置き去りにしてゆく〃革命〃というものに深い疑念を抱いています。かつての仲間のある人々は〃革命〃を進めることによってしか償えぬと言っていますが、私にはそうは思われません。政治、社会的な意味では、革命理論云々や組織の再建やらで今回の事件で受けたダメージを回復することは可能かもしれません。でも一体それがどうだというのでしょう。やはり、死んだ者の苦痛や遺族の方々の悲憤が、それによって晴れるとは思われません。一体どうしたらいいのかは分りませんが、死んだ者の苦痛や遺族の方々の悲しみを出来る限り考え、感じ、みつめることはこれからもずっとして行きたいと思っています。しかし、これとても、生者の論理であって、身勝手なものだと、自嘲せざるをえません。

今になって思えば、どうしてあの様な残忍な状況に加担し、革命理論が当時どの様に述べられていたにせよ、そういう状況を阻止しようとしなかったのかと、悔まれてなりません。

とりわけ、美枝子さんには、小嶋和子さんの死体を一人で運搬埋没させるとか、自分で自分の顔を殴らせるとか、逆エビに縛るとか、頭髪を短く切るとか、残酷な仕打ちを続ける中で、私自身心の中では〃もうそんなにしなくても……〃と思いつつも、何も言わず追随していたのです。

私がはじめて美枝子さんに会ったのは、幹部らと、南アルプス山中の赤軍派新倉アジトに、銃の合同訓練に行った一昨年の十二月の初めでした。それ以前に、京浜安保の救対部の人から、美枝子さんが赤軍派の救対をひとりで切り回している手腕家だと聞いたことがありました。

その時は、黒のセーターに黒のスラックスというとても地味な服装で、他の八名の赤軍派の男達の中にいました。当時私は、それ以前に処刑されていた二名の者（うち一人は私の中学、高校の同級生）の行方についての疑惑等から、京浜安保の幹部らに不信の念を持ち、動揺していました。それで、小柄な美枝子さんが、超過激派の赤軍中央軍の紅一点として、中央軍に参加しているのが驚きでもあり、頼もしく思ったものでした。

銃の訓練や、討論を積ねるなかで、永田らが、美枝子さんの〝女らしさ〟をいろいろ取りあげて批判しはじめました。当時、私はその前から京浜安保の山岳アジトで行なわれていた個人の諸々の欠点を取り上げて批判するやり方の意味が分っていなかったので、またはじまったな位にしか思っていませんでした。私は、地味な服装をし、名だたる赤軍中央軍に参加している美枝子さんがとりわけ〝女らしさ〟を売物にしているとは思われませんでした。又、美枝子さんも当然のことながら、一方的な批判（批難と言った方がいいかもしれません）に対して、反発していました。反発すればする程、追及が執拗になるのが、個人の諸欠点を取り上げる〝総括〟でした。一方、批判された美枝子さんの属している赤軍派の中心であった森は、永田のこの感性的感情的批判を論理的に肉付し、さらにこの個人的な〃総括〃を革命の中心点へと据えました。私は永田の感性的感情的なやり方では分らなかったのですが、この森の論理的な説明で個人的な〃総括〃の意味が少し分ったのです。けれど、永田ら京浜安保の側からの美枝子さんに対する批判は「指輪が云々」からはじまって「髪型がどうのこうの」「手が荒れるのを気にしている」等まで執拗になされました。美枝子さんも森の説明等から、表面的には批判を受け入れねばならぬ状況へ追い込まれました。しかし微に入り細に入る不当な追及に、当然のことながら反発している様子が見え、それがさらに永田らの反発を買った様に思いました。

既に、暴力的総括要求がなされ三名が小屋内に縛られているという異常な状況の下へ美枝子さんが、進藤君や行方君と共に坂東らに連れられて榛名へ来たのは十二月三十一日の夜でした。今から思えば進藤君、行方君、美枝子さんはただ殺害するためのみ榛名へ連れてこられた様にすら思われます。美枝子さんは、榛名に来ても以前からの問題で総括を要求され続け、更に榛名へ来てから「金を提出しろ」と命ぜられたにもかかわらず、高原氏の弟さんから高原氏へ差入れるよう頼まれていた一万円を提出しなかったことが問題とされ、厳しく過去の活動の点検が為されました。そして次第次第に美枝子さんが地位の高い男に〃色目〃を使い自分の地位を上げて来たようにデッチ上げられました。救対等、組織の活動へ全面的に献身して来た結果として、このようなデッチ上げをされ、どんなに無念だったろうと思います。このころになると、永田ら幹部に反発する様子は見られず、本当に必死に不当なる〝総括要求〟に応えようとしていました。しかし、厳しく総括を求められついに〝死〟の恐怖があるということで死体の運搬を命ぜられ、暴力的総括要求がエスカレートしてゆきました。私達は、命ぜられて美枝子さんが、死体埋没作業をやりとげ〝革命戦士〟になれるかどうか見届けるために美枝子さんの廻りで〝頑張れ！　頑張れ！〟と言いながらついてゆきました。

その直後の全体討論で再び美枝子さんに対する追及が行われました。私は美枝子さんから四、五人左の方の斜めの位置に座っていましたが、皆が幹部らと美枝子さんとのやりとりに疲れて、幹部らももう疲れて来たころ美枝子さんに〝総括〟について自分が〝意見書〟なる幹部批判を逆にして〝総括〟を求められて総括した時の経験等から話をしました。私としては美枝子さんに〝総括〟して欲しい、もう誰れも暴力的総括要求されないで欲しいという気持が強かったので話したのです。この時は大槻さんも一緒に話しをしました。この時の美枝子さんの潤んだ目が今でも忘れられません。私は、追及されてから自分に都合の悪い事実を述べるのではなく進んで言わなくてはいけないとか、それを革命理論として展開することについての意見とかを述べたと思いますが、客観的には幹部らのデッチ上げに追随し、美枝子さんを圧迫する結果になってしまったと思います。

この後、自分で自分を殴るという残忍なことを美枝子さんにさせ、再び〝総括〟を聞くこともなく、さらに卑劣にも男女関係、金銭関係についてのみ追及し、ついに貴女の大切な美枝子さんを殺してしまいました。本当に申し訳ありません。

榛名へ来てからは、幹部らに少しも反発することなく理不尽な〝総括〞要求に真剣に応えようとして、とても素直になっていました。本当に、あの時どうして「もうこんなことは止めよう」と言わなかったのだろうと後悔しています。

私は美枝子さん死亡後の八日朝、名古屋方面へ、なくなっていた小嶋和子さんの妹さんと、私の恋人の二名を榛名へ連れてくるよう命じられ、小屋を出て行きました。あれやこれや革命理論上から、名古屋にいた十日程の間、〝同志殺し〞について考えましたが結論が出ず、只一切の人間関係を革命にとってプラスかマイナスかのみで割り切ってゆく組織にはこれ以上属していることが出来ぬと思い、脱走する決心をしました。そして脱走しました。

私は中央委員ではありませんでしたが、今回の〝同志殺害〞を幹部らに追随あるいは脱走という形で下から支えたもののひとりです。

本当に何とお詫びしてよいやら分りません。

今更の謝罪が一体何になるのかと思うと、只、為してしまった過去を悔いるのみです。

私達は、〝革命〞を再度志している者も、私のように〝革命〞を棄てた者も、遺族の方々の悲憤を糾弾を受けるべきだと思います。〝人殺し〞には謝罪する道や言葉などあろう筈もないのですが、本当に御免なさい。

東京の方は暑い日が続いていることでしょう。お体には充分気をつけて下さい。乱文乱筆お許し下さい。

敬具

七月九日

岩田平治

遠山幸子様

岩田平治より尾崎充男の姉へ

一九七三（昭和四八）年七月十三日　長野刑務所

拝啓

突然の無躾な手紙で失礼かとも思いましたが、ペンを取りました。

私は元東京水産大学の学生で、現在、殺人、死体遺棄、爆発物取締法等で裁判中の者です。長野刑務所に未決として拘留されています。

今更、貴方の唯一の弟さんである尾崎充男さんを殺害した仲間のひとりの謝罪や、話など聞きたくないかもしれませんが、我慢して読んでください。

本当に今更お詫びしても何もなりませんが、申し訳ございませんでした。事件から一年以上も自らの怠惰のため謝ることもせずにいたこともお詫び致します。

こうして、現在私が遺族の方に謝罪の手紙を出すのも、実はある以前の仲間（統一公判組の人）が、ある遺族の方から手紙を受け取り、自分達は大きな悲しみを与えた遺族の方々に謝罪ひとつしてないことに新めて気づき、私をはじめ統一組、分離組、非転向組、転向組を問わず遺族の方々へ謝罪の手紙を出そう、そして自分達の悪事、真実を知ってもらおうと提起して来たからです。

接見禁止が解けてから、一時は遺族の方々にお詫びの手紙を書かなくては、と考えたものの、遺族の方々の怒りや悲しみや苦しみを考えると、どうしてもペンを取る勇気がなくずるずるときてしまいました。そして今回かつての仲間の提起と、彼に宛てたある遺族の方の手紙の写しを読み遺族の方の悲憤に接し、いくら謝罪しても失なわれた生命が戻ってくるわけでないということを楯にずるずるとお詫びもせずに日々過していた自分を恥ました。

尾崎さんを殺してしまって本当にすみません。

尾崎さんは大学や闘争に関してのみでなく、寮の三〇五号室の先輩でした。入学当時まだ寮生活に慣れていない私の面倒をよくみてくれた優しい先輩でした。自分もお金を持っていないのに、寮のどこからか借りて来て、よく北品川へ夜食を食べに連れて行ってくれました。いつも陽気で、暇があるとよくギターを、部屋の者に下手だと冷やかされながら、弾き、あのやや高い調子の声で唄っていました。フォークソングが好きでした。今でも刑務所のラジオで尾崎さんがよく唄っていた曲などがかかると、尾崎さんのことを思い出します。

そんな尾崎さんを他の者と一緒になって殺してしまいました。申し訳ありません。

皆んなを幸福にする筈の「革命」が、永遠に償うことの出来ない悲しみをかくも多勢の人々に与えるのみであったことを考えると、「革命」に深い疑問を抱かざるを得ません。今回の事件に関った者のうちには、「革命」を闘うと言っている者がいますが、私は再び「革命」を闘うつもりはありません。死んだ者達に報いる道は、彼等が死ぬまで望んでいた「革命」を闘い続けることだという人もいますが、私は我々の罪は貴い生命を残酷なやり方で奪ったという罪は永遠に償えぬと思っています。金や物を盗んだなら返済することもできましょう。傷つけたならば治すこともできましょう。たといその犯した行為そのものを取り消すことができぬとも。しかし人の生命は、単にその個人のみに属しているのではなく、その生命をそれまで育んできた家族の人々やそのまわりの人々のものでもあり、生の一回性故一度失なわれれば決して再び取り戻すことができぬものです。私達は、その生命を奪ってしまったのです。全く取るに足らぬ理由にもならぬ理由をこじつけて、残忍なやり方で奪ってしまったのです。

　本当に今更の後悔が何になるのでしょう。今更の謝罪が何になるでしょう。でも、お詫びせずにすむことではありません。本当に申し訳ありません。

　どんなに痛く、苦しく、寒く、飢えていたことでしょう。どんなに、私達のことを恨んでいたことでしょう。どんなに生き続けたかったことでしょう。それなのに、私は諸々の意味に於いて優しくよき先輩であった尾崎さんを、それまで重い荷物を背負って一緒に山を歩いたりして共に苦労して来た尾崎さんを、救うどころか逆に幹部らに追随して殺してしまいました。

　御家族にとって、かけがえのない息子さんであり、弟さんであった尾崎さんを、何のいわれもなく殺害されてどんなに無念でしょう。どんなにお悲しみでしょう。本当に御免なさい。

一昨年の暮、二九日三十日と私が東京へ活動を命ぜられて出かける前は、尾崎さんは「総括」が不充分だということで正座させられていましたが、私が東京から帰ってくると既に顔面をなぐられて柱に縛られていました。そして、翌日の三一日夕方、皆が食事の準備をしているとき、何かしゃべったというので、小屋の隅で討論していた幹部らに腹部を激しく殴打されたのです。私は、あんなに激しく殴らなくてもと思いつつも口にすることが出来ず見ていました。

そしてその夜遅く幹部から尾崎さんが死亡したことを知らされ、以前から脱走して再び山へ連れ戻されたと聞かされていたが、山で姿が見えぬので気になっていた二人の人が既に殺されていることを知らされました。私はかなり動揺しましたが、顔色に出すことも出来ず、その後も心の動揺を隠しつつ幹部らに追随してさらに多くの人の命を奪うのに手を借してしまいました。

その後、昨年の一月八日に、私の恋人で活動経験の全くない女性ともう一人かつて山岳アジトに居たことのある少女を榛名アジトへ連れてくるよう命ぜられて山を下り、そのまましばらく活動をして、その間にたとえ革命が正しかろうと一切の人間関係を「革命にとってプラスかマイナスか」のみで割り切り、かつての同志であろうが殺してしまうような組織にいることは出来ぬと考え逃亡しました。

しかし、追随にせよ逃亡にせよ、あの残忍な残酷な同志殺しを下から支えたことに違いありません。

それにしても、奪われた生命が永遠に帰らぬこと、御家族の方々の悲しみが決して癒されぬことを思うと、罪の深さに暗たんとしてしまいます。

お詫びして済むことではありませんが、本当に申し訳ございません。

尾崎充男さんのお父さんお母さんにお詫びしなければならぬのですが、御住所が分らずお姉さんのところへ出した次第です。

誠に勝手ながら、私の現在の気持を充男さんの御両親に伝えていただければ幸いです。乱文乱筆で勝手なことばかり書き連らね、お悲しみとお怒りを新たにしたやもしれません。お許し下さい。

本当に申し訳ございませんでした。

敬具

〇〇〇〇様

七月十三日

岩田平治

岩田平治より行方正時の父へ

一九七三（昭和四八）年七月二十七日　長野刑務所

拝啓
突然不躾な手紙を書くことをお許し下さい。

私は、正時君を殺害した連合赤軍の一員だった者で、現在長野裁判所で殺人、死体遺棄等の罪で公判中の者です。

今迄、御遺族の方々に謝罪せねばと思いつつも、今更の謝罪が一体何の役にたつのかと自問すると仲々手紙を書く勇気がでず延々にして来てしまいました。そして過日、吉野雅邦被告から、ある遺族の方の彼宛の手紙のコピーと、彼の遺族の方々へ各人が謝罪の手紙を出そうというアピールが届き、それを読み、遺族の方のお怒りとお悲しみに励まされて漸くペンを取り始めた次第です。長らくお詫びもせずにいて申し訳ありませんでした。

御家族の大切な正時君を殺害して誠にすみません。本当に今更の謝罪は何の役にもたちませんが、申し訳ありません。

人の命は単にその個人に属しているのみでなく、その命をそれまで育んできた御家族の方々のものでもあります。その命を情容赦もなく残酷な方法でさんざん苦しめたあげく永遠に奪ってしまいました。理由にもならぬ理由を無理矢理こじつけられ、飢えと寒さと、何よりも今まで一緒に苦楽を共にして来た「同志」の冷笑と罵倒の中で息絶えていった人々の胸の裡はどんなだったでしょう。どんなに辛く苦しく悲しかったことでしょう。私達は本当に残忍無比なことをしました。

また御家族の方々をはじめ、最愛の子息、娘を奪われた御遺族の方々の悲憤はいかばかりでしょう。私共にはその悲憤の百分の一も理解できぬかもしれませんが、時折救援関係のパンフレットなどに載っている御遺族の方々の文を読むにつけ、決して償えぬ自らの罪を感じます。

金や物を盗んだのなら弁償することもできます。怪我をさせたのなら治癒することもできます。たとえ過去の行為は消し去ることができぬとも。しかし、人の生命を奪ったという行為は決して償えません。本当に申し訳ありません。

今頃になって悔んでも仕方のないことですが、加担せずにあの様な残虐非道な行為を止めるように言わなかったのかと後悔しています。けれど今更の後悔は弁解じみてくるだけで、どうにもなりません。

私は京浜安保共闘から連合赤軍の一員となったので、正時君と知り合ったのは、七一年の十二月の初旬の南アルプスの赤軍派との銃の合同訓練の際でした。とても真面目な感じがしました。この合同訓練の時、赤軍派の唯一の女性兵士であった遠山さんに京浜安保共闘から批判が集中しましたが、正時君がこの際に批判されるということはありませんでした。

正時君が榛名へ来たのは十二月の三十一日で、当時は既に榛名に於いて暴力的総括要求が始まっていました。正時君への暴力が加えられたのは四日の未明からだと思います。三日の夜新党の正式な発足が提起され、永田から「ここにいる二三名が新党メンバーだ」と言われました。もちろんこの二三名の内には正時君も入っていましたが、この新党結成に際しての各人の決意表明が求められました。この決意表明が正時君は充分でないということで追求され、次第に過去の闘争の問題点が出されてきました。赤軍派時代のことが主でしたから、私にはよく分りませんでしたが、他の人同様ろくろく理由にならぬ理由だったようです。

特に新党結成直後であり、新党のメンバーに数えておきながら正時君に暴力的総括要求をしたというのは、私には少々驚きでした。

幹部らに聞かぬと分りませんが、私には、行方君の場合にはとりわけ理由らしい理由がなく、新党結成直後ということを考えると（当時、幹部らも含めてその後一月下旬から二月初旬にかけて再び六名も暴力的総括要求がなされようとは全く思いもよらなかったのです）、幹部らが新党結成でホッとする（自分が暴力的総括をされずに）兵士達にカツを入れるため予めリストアップしてあった正時君を、新党メンバーへ一応入れておいてその後暴力的総括要求を行ったという気さえします。

それにこの頃になると、幹部らが「総括」を聞くということもほとんどなかったようです。

私は一月八日に、名古屋へ私の何の活動経験もない恋人とかつて山にいたことのある十六才の少女（この人の姉は総括によって既に死亡していた）の二人を榛名へ連れてくるよう命ぜられ山を下りました。この時、正時君はまだ緊縛されていましたが生きていました。私は、この山を下る時同志殺害について広がってくる疑問を抑えることができず、ほぼ逃亡するつもりでいました。そして名古屋で一緒に活動していた者に、十日程後に逃亡することを告げ逃げました。

私は疑問を幹部に対してぶつけ、総括要求されている正時くんを何とかしようとは考えず、いわば見殺しにして自分だけ逃げたのです。

榛名にいる時は幹部らに追随することで、そしてあの様な残虐な行為の場から自分だけが逃れるということによって、同志殺害を支え、加担してしまいました。誠に申し訳ありません。

今思えばあの場にいた多くの者が、あの様な残酷無比なことに多かれ少なかれ疑問を持っていたのですから、たとえ革命の観点から理論的に順序だてて反論できずとも、こんなことは絶体間違っていると自信を持って主張したら止めることができたかもしれません。もし仮りに幹部らに真向から反対することによって、止めさせることができず、逆に総括させられたとしても、それはそれとしてよかっただろうと思います。幹部らの言っていた「革命戦士」としての「勇気」などではなく、真の勇気を奪い起して正々堂々幹部らを批判すべきでした。

それにしても今更ああすべきだった、こうすべきだったと後悔しても何にもなりません。御家族の正時君をはじめ十四名の故人は帰ってこぬのですから。本当に申し訳ありません。すみません。

現在私は、「革命」を再び志そうとは思っておりません。「革命」が本当に差別や抑圧や搾取をなくすものであったら（かつて私はそうであるし、またそうせねばならぬと考えていましたが）何ら反対する理由もないのですが、今までの歴史がそうであったように、「革命」によって差別や抑圧や搾取が撤廃されるとは思えなくなりました。強い者が自らの正義をかざして弱者を差別、抑圧、虐殺したのが、今回の同志殺しだと思います。

事実の遺族の方々への公表については、私は現在「革命」へ再び参加する意志を持たぬものですが、統一公判組の者と一緒になって行っていきたいと思っています。

事件から一年半が既に経ちます。御家族の方々には辛い苦しい悲しい日々の連続であったと思います。また決してその悲しみは癒されることはないでしょう。誠に申し訳ありません。何十回何百回お詫びを言っても、許されることではないのですが、本当にすみません。

乱文乱筆お許し下さい。勝手なことばかり書きつらねかえってお怒りと悲しみを招いただけかもしれません、お許し下さい。

本当に申し訳ありませんでした。

敬具

七月二十七日　　岩田平治

行方〇〇さま

遠山幸子より青砥幹夫へ

一九七三（昭和四八）年五月二十五日

私遠山美枝子の母です。この一年有余、どんな悲しい苦しい思いをして過ごしてきたことか。本当にひどい事をしてくれました。よくも一年間平然としておられますこと、その手で食事をしてよくその手をみること　謝罪のことばすらなくどんな気持でいるのでしょうか。

あなたはずっと美枝子と一緒でしたね。四十六年十月二十一日の夜、サガミ原の友達のところを尋ねてあなたの好物を作って食べさせたとか。そんな美枝子をどんな理由があったのですか。理由にならない理由をこじつけて殺したのですか。たとえどんなことがあっても、うばってはならない生命をうばってしまった事は許せません。天寿を全うするなら別ですが、自殺にも等しい行為、人間の皮をかぶった鬼です。人非人。山でのリンチ、助けられる身分だったあなたが何故見殺しにしたのですか。どうして助けてくれなかったのですか。うらみます。もしかすると、あなたは森のスパイだったかもしれませんね。

美枝子が手足まといならば何故帰してくれなかったのですか。自分達の合理化のため次々と殺していってオニです。寒い中にしばってなぐって逆エビにしてつるしておけば当然死に連がることは明らかです。水も一滴も与えず本当にむごいことをしてくれました。殺しておいて、あまつさえ私が成人式の時にあげた指輪をとりあげ、弁天平の原野に埋めて殺して身ぐるみはいで、どんな思いで死んだか。死ぬ時は革命も何もなかったはずです。私はあの子を一人で大きくしました。父が六才の時亡くなり、一生懸命で育てました。あなた達と違って大学も卒業しています。この世の中ではごくごく当然のことが、どうして殺すことになったのですか。殺すために連れて行かれたようなものです。四十六年の七月から森、永田の間では決められていたとか。それを知って山へ連れていったあなたは本当に恐しい人です。

この一年間、私は一時間一日たりとも忘れたことはありません。

あなたにも親や姉妹があるようにあの子にも親や姉妹がありますす 人を愛することが出来なければどんな残酷な事でも出来ます。犬でも三日飼えば恩は忘れない。鬼の目にも涙のことわざのある様に本当に血が通っている人間ですか。人間ならば手を切れば赤い血が出るはず、赤い血が出ればもっと素直になって申訳なかったと、どうして詫びることが出来ないのですか。一年余りもだまっているその態度許せません。生きている限り親の悲しみ苦しみは続きます。心あるならばこの親の悲しみをよくきけ。生きているならばこそいろいろと裁判にも文句もつけられますし要求も出来ます。死んだ者にはなんにも出来ません。真実生きているあなた達がうらやましい。

私はどうしてもあきらめることが出来ず榛名ベースの跡まで行って、たしかめて来ました。当時のまま殺しておいて身ぐるみはいでもやした木もそのまま残っていました。あんな山の中で何が出来るのです。

山本順一夫人、吉野、森等の手紙によりあの子の最後の様子を知りました。又すべての供述書にも目を通しました。自分達の合理化のため尊い生命をうばって、なんとも思わないのですか、人非人、オニ、ケダモノとしかいいようがありません。世の中はいづれめぐってきます。因果応報です。でもあなたは今一番安全です。社会に出てくればどんな事になるかわかりません。十四人の肉親の思いだけでもあなたを苦しめずにはおかれません、皆んなと同じ様な目に会うことですね。

自分のやった行為に対してよくもイラストが書けましたね。神経の太いのにはあきれるばかりです。正常の人間のすることではありません。気違いならばあきらめもしますが、一層気違いならば私はあきらめます。

もっと世の中を広くみて人の愛情、情を理解して素直な心になって下さい。人間と生れたからには人間として子供として社会の一人として、進むべき道はあります。正直に自分に恥じないように。

革命革命といいながら残ったものはなんですか。十四人の殺人、本当に恐ろしいことです。マンガにもならないお粗末なものです。

革命とはすべての人達を幸福にすることだと思います。どんな小さな事でも親切一つでも革命です。その事をよく理解してもう一度考えて下さい。私のこの手紙に対して返事を書くことはあなたの義務と責任です。必ず義務を果たしてください。

自分のやった行為に対しても返事を書くべきです。同封の供養文は昨年三月二十一日に倉渕村の住職がよんで下さいましたものです。正しくこの通りです。

残された私達が一日でも長生きして供養してやる事が一番いいことです。本当にあんな淋しい杉林の中によくも埋めてくれましたね。どんなに苦しかったか思っても涙が出ます。

あなたは四十六年十二月二十三日頃、美枝子と一緒に行動していませんでしたか。おたづねします。美枝子の友人がおひる頃東京京橋付近で、京橋一丁目で男の人と二人で歩いているところを目撃しています。それが正しいのならば合わせて返事してください。重大なカギになります。二十六日には京都に行っていました。二十六日の夜、望月、萩原君が京都駅から送ってくれています。二十三日のおひるは京橋、夜新橋駅で美枝子を見た人がいます。新橋駅では話しもしています。ほとんど一緒に行動していたのですね。美枝子の大学時代の友人もみています。

あなたの良心に訴えます。どうぞ正直に本当のとこを教えて下さい。私が一人で足どりを調べて分った事です。

どうしても暮れにかけて二、三日の足どりがつかめませんので、私としてはあきらめる事が出来ません。お願い致します。

青砥幹夫より遠山幸子へ

一九七三（昭和四八）年六月十三日　東京拘置所より

遠山様

過日お手紙を落手いたしました。返事が若干遅れましたことをお許し下さい。そして何よりも、美枝子さんを少しもかばえないばかりか、自ら暴力をふるうことまでしてしまい、死に追いやってしまったことと合わせ、この一年有余お詫びの手紙ひとつ、生前の美枝子さんのことをお伝えする手紙ひとつ差し上げなかったこと、とてもお詫びしてすむことではありませんが、何とお詫びしてよいかわかりません。本当にごめんなさい、すみません。

ずっと自分の身勝手さ、独善、卑怯さ…等考え続けてきたつもりでした。そして亡くなった方達の冥福を祈るには一体どのように生きて、どのように罪の償いをしたらよいのかを考えてきたつもりでした…しかし遠山さんのお手紙を拝見して今更ながら自分の身勝手さ、一人よがりを知ったように思います。何よりもまず御遺族の方にお詫びしなければ、という思いを、〝自分はとりかえしのつかないことをしてしまった、何の為に、どうやって生きていったら良いのだろう〟という奈落へ落ちたような自失感と、〃このとりかえしのつかない罪をどう償ったら良いのだろう、償えるのだろうか…そしてこんな訳の判らない状態でどんなお詫びができるだろうか〃といった混乱と困難さの中で〃あとに。もう少ししたら〃等と引き延ばしてきてしまったように思います。本当に申し訳ありません。

　他ならぬ御遺族の方よりのお手紙でやっと書いているような私は何と言われても仕方がないと思います。自分の自己批判と、罪をいかに償うのか償えるのか、そして、いかに冥福を祈りつつ、いかに生きてゆくのか等を考えることは当り前のことです。しかし、自分の混乱…いわば自分のことを考えることで、御遺族の方の深い悲しみと憤りに対する私の態度をあいまいにしてきたことは、何とお詫びしてよいか判りませんし、たまらなくなります。どんなお詫びをしても美枝子さんをお返しすることはできない。そして、当然許しを乞う資格もないし、許してもらえるものではない、というような気持も、いままで手紙を書けなかった理由の一つであるように思います。何と傲慢なことだったのでしょう。自分が殺人者であり、何よりもまずそのことを深く気付き、どんな苦しい困難なことでも、御遺族の心中を少しなりとも察して、お詫びしつづけること、そして冥福を祈る態度こそ必要でした。

　革命というそれだけでは世の中が良くないと言うことと同じにすぎない当初の動機が、殺人が始まってからの私を余計に卑屈にしていったにも拘らず、そしてそんなことの繰り返しはもうしたくないし、決して〝政治路線の誤り〟といった美辞で原因を言いきることなどできないとも思いながら、やはりどこか無意識的であるにせよ依然として恥らいもなく当初の動機が残っていて、それが逆に私をどこまでも素直にさせる、ということにならなかったのではないかと思います。本当に傲慢なことでした…革命というそれ自体は正しい動機があればこそ余計卑劣な殺人者になっていることを正しく認識しきれませんでした。本当に申し訳ありません。

本当に何と申し上げて良いのか判りません。そしてお尋ねのこともありますので、山に入る前の美枝子さんのこと、前後の事情から私の正直な気持を書いてゆきたいと思います

私は美枝子さんとは四六年の二月頃正式に知り合い、その後ずっと当初は緩慢な、後には（九月以降）固いチームを組んで半合法活動をしていました。そのチームには行方正時君、山田孝君、そして森の内妻で、私達が山に入る前一ヶ月位に出産をした女性がいました。それぞれ任務分担をしていましたが重複するもの、共同でやるもの等もありました。遠山さんは救援関係、大衆組織へのオルグ、関西の革命戦線のオルグなどを主にやっていました。美枝子さんは私よりも経歴は古く有能で優しい人でした。私達は…チームは親しかったと言えます。それは私達のチームは組織の矛盾を一身に担って苦労していたチームだからでした。そんな中でも私達が案外と愉しく活動していられたのには美枝子さんの能力も大いに影響していたと言えると思います。会議や打合せなどで少なくとも週に二回位は会っていました。そして時には十月二十一日のように本当に親切にしてもらっ

たこともありました…今思い出すと申し訳なくて辛くなります。あの時は、国際反戦デーで、街を歩くのはまずいから休みにすると決めたあとで、どこで一日を過そうか困っていた時、美枝子さんが連れていってくれたものでした。こんなことは私達の間では時々あり、皆楽しくやっていました。

　この頃から山に行くことが決まっていました。そして、十一月いっぱいは、その為の準備に忙殺されていました。私達は十一月三十日の夜に、山田、行方君らとともに東京を出て、十二月二日に山梨県の新倉アジトに着きました。すでに五人が行っていました。ところで、私達の意志一致の内容は、山は単に訓練、教育センターで、一ヶ月位の訓練教育の後、生活と闘争の場である東京に戻るというものでした。だから組織内の矛盾は原則的に組織問題として考え、共産主義化＝兵士化はその為の契機ぐらいに考えていたように思います。

　まる二日の山道を歩いていた美枝子さんの笑顔を思い出します。私達にはあの頃は希望しかありませんでした。ところで、アジトにつくと、それまでの確認とは違って、山は生活の場となっていて、ずっとここで生活する、また個人の兵士化（共産主義化への誘導となりました）が主要なテーマになっていました。

　私は承服できませんでしたが、納得させられました。ところでこんな変化とともに、永田の遠山さんへのコジツケとも思えるような非難が始まり、これが引き金のようなものになったと思いますが、ぼくは事前の確認が違うこと、だから山の生活に適応しきるには不十分な態度だ、とコキおろされた美枝子さんの当惑は人一倍分る立場だったのに、殆ど弁護できず、それどころか自分の自己批判に没頭するという情ないことになってしまいました。山の生活―共産主義化の罠に全く気付かなかったばかりでなく、その後、ついに良く理解できないままに、正しいことと思い込んでいったことが口惜しくてしかたがありませんが、この時の当初の遠山さんに加えられた圧力・当惑がずっと最後まで続いたように思い、とうとう美枝子さんの活発さを引き出せないまま、ついには自らも死に追いやってしまったことがたまらなく申訳ないことに思えます。

ところで、供述調書を読まれたそうですが、十二月いっぱいは今から思うと少しも遠山さんに親身になってこっそり話を聞いてやるといったことも気付きません……（そういうことは強い兵士になる為にはまずいことだ、と全く誤った心になっていました）……美枝子さんにとって決して愉しくない生活が続きましたが、この間の変化は供述に詳しいと思います。ただ、どうせこの先、長い間闘い続けてゆくんだからゆっくり変わればいいさと呑気に考えていました。美枝子さんが短期間に変らなければ処刑すると言われたなどと気付きもせずに美枝子さんの気持を推測もせず、勝手に批判を援助のつもりでやっていました。まったく申し訳ないことです。

ところでお尋ねの四六年十二月二十三日頃、京橋付近で一緒にいなかったかとのことですが、私にはちょっと理解できないのですが…。というのも、私達は十二月二日にアジトに入ってずっと十二月三十一日の朝まで南アルプスの山中にいたからです。このアジトは下りでもふもとに出るまで約六〜七時間かかるところにあって、私も美枝子さんも一歩も外に出ていないのです。これには何の偽りもありません。

何のカギになるのか私には判らないのですが、何かお役に立てそうにもありません。美枝子さんの友人の方が話をしておられるということですが、そんなことはありえないと思います。また二十六日に望月、萩原君が京都駅から送ってくれたとのことですが…どうも判りません。月違いではないのでしょうか。

望月君はともかく萩原君は、四六年の八月頃から活動を停止して行方が判りませんでした。もしかして美枝子さんは知っていたのかもしれませんが、考えにくいことです。私が美枝子さんが京都に行ったのをはっきり確認しているのは、五月末、九月はじめ、十月末ですが、他にもあるとは思います（九月、十月はもう少し往復しているように思います）。そのうち萩原君と会ったのを聞いているのは五月末のときです。また十一月二十六日頃、もしかすると京都に行っているようなことはあるかも知れませんが、ちょっと記憶にありません。今まで書いたことに何一つ誤りはありません…こんなミもフタもないことしかお伝えできないのが残念です。

ところで四七年の一月二日の夜　榛名山のアジトに連れられて行った時、既に窮地に美枝子さんがいたことはぼくには全く信じられないことでしたが、何よりも、美枝子さんのすがるような目とまっ青な顔を辛く思い出します。すでに私しかすがる相手はなかったからだと思うのですが、その私自身が最初は恐怖して後には半分恐怖、半分革命の為、美枝子さんが兵士になる為の援助という、今ではとても信じられないことですが、暴力を加え、死に追いやることになってしまいました。

ぼくは現在まで、あの残酷な行為が単に政治路線が誤っていたから起った、とは言えないと思ってきました。いかに主観的には革命の為に、と思ってい、また政治の誤り思想の誤りが契機にこそなれ、最後までその主観や政治に何の疑いもなく闘った、と言えることなどないように思うからです。あんなに多くの同志を死なせて最後までそれが仕方のないことだ、と考えていたのではないように思うからです。〝革命〟とはそんな恐ろしい事態に目をつむり、あるいは行き場のない自分を合理化する言葉になり、逆に私を縛るものになっていました。

私は美枝子さんのすがるような目と、表情を失った顔を見ながら何の援助もしてあげられなかったばかりか、半分正しい援助だと思い、半分恐怖からという実に卑怯な暴力をふるい、生命をまで奪い、裏切ってしまったこと、何より尊い生命を奪い、それを恥知らずにも〝革命の為〟と実は自己保身の為に合理化したのではないかと考えると本当に恥しく、苦しく、そして申し訳なく思います。

本当に革命をやろうとしていれば、恐怖を勇気におきかえて美枝子さんを……ずっと一緒に活動してきた同志を必死で弁護、救出する努力をすべきだったと、今になって腹立たしくなります。

美枝子さんが亡くなられた時、私は背後で人工呼吸の音がするのを身じろぎもできず虚しく聞いていました。大きな喪失感と、私の手で彼女を殺してしまったんだ、という思いがたまらなく寂しいものでした。

美枝子さんは一番苦しかったろう時にも、〃お母さんを幸せにしてあげる〃、〃頑張るんだ〃と言われてました。本当に立派な人を、私達は死に追いやってしまいました。当時の主観はともかく、今になればコジツケとしか思えない屁理屈と無茶苦茶な精神主義をおしつけて。本当に残酷なことをしました。本当に卑怯でした。そしてこんなことは全く脳裏に浮かばなかった訳ではありませんでしたが、自分の身勝手さと弱さ、そして逆に私を縛ることになった革命という言葉が、何の抵抗もできず仲間を殴ってゆく、あるいは逃走を考えながらできずに、すでになくしてしまった革命にしがみつこうという訳の判らないことになってしまいました。そしていつか戦闘死することで責任をとろうという、すりかえた考えになってしまっていました。

私は逮捕された時、本来の意味での革命の確信などありませんでした。自分は何故、何の為に殺人者になったのだろう、何の為に生きているんだろうと考えていました。が同時に、ああ助ったと思ったことも事実でした。革命、敵、味方、そんなレベルの問題は何か遠い、腹立たしい位虚しいものに思えていました。

自供は時間の問題でしたが、何となくふっきれずに〃本当の革命は違うんだ〃と思い込もうとも努力してみましたが、何よりも、自分が一体何をして、何の為に何故生きているのかを知りたく思っていました。

あさま山荘の仲間たちのことを知り、〝死ねる同志がうらやましい〟と思ったこともありました。

そんな私が生きていることの実感と自分のした所業の恐しさ、自分の卑劣さ等をはっきりと知ったのは長野署でした。あさま山荘で何の関係もない民間人が殺されたという事が第一の契機でした。闘いの中で敵に殺される（味方に殺されるという非道な不合理は二度とゴメンだと思っていました……人民裁判というようなものなら別ですが）というのが唯一の救いの道であるように思っていたのに、民間人を殺してしまった……これはかすかでも残っていた〝革命〟の正当性をうち破るのに十分なことでした。この時、自分は殺人者なんだと思い知りました。

第二に、丁度その頃、私は風呂で気絶してしばらく寝ていましたが、そんな私の目にとび込んできたのが、窓からみえる杏の満開でした。生命を見た思いでした。そして倒れながらも自分は生きているという実感を持ちました。そして亡くなった人達を思い、自分の手をみつめて、その恐しさに呆然としました。

それまで何故、何の為に生きているのか判りませんでしたし、どうして美枝子さんたちが死んで私が生きているのか判りませんでした。政治が実は屁理屈であったからです。正しい者が生きていた訳ではないからです。そして判りました。殺した者が生き残っているのだ、ということでした。

そしてこのことは単純なことですがぼくにとっては何と恐ろしい確認でした。そして亡くなった人達こそ、最も勇気のあった人達だと思うようになりました。美枝子さんが最後までお母さんのことを想っていたように……そんなことさえ非難されたにも拘らず……。

私は、自供して、自分が殺人者であることを認め、亡くなった人達の名誉を少しでも回復しようと思いました。そして、この気持を、終に決めさせたのは、私事ですが年老いた父母の涙でした。私の父母は再婚で年老いている上、精薄の弟もいてその苦労を知っているだけにその涙を見るのは、そしてまだ知らせてないけれども非道な殺人者なんだと知られるのは実に辛い思いでした。しかし、その涙に嘘を言ったり、裏切ったりしたら、もう二度と生きる意味を見出せないしそんな資格も二度と得ることもできないと思いました。美枝子さんのお母さんを想う叫びを見殺しにしておいて、自分が生命があるばっかりに、父母のことをいまになってしみじみと想うのは身勝手ではないか、どんな判らないものでも、どんな屁理屈の中であっても〝革命〟という言葉の中で死んでいった人達を思えば、〝革命的〟に生きなければならないのではないか、また、敵を利するだけではないのか等も考えましたが、革命は私達のような傲慢によって左右されるものではないし、自らを殺人者と考え事実をはっきりさせることこそ、亡くなった方達の冥福を少しでも祈ることになるとも思いました。ぼくは、革命や政治をたてにとった偽善は許されるべきではないと思い、自分の卑劣さ身勝手を認めてこそ、少しでも父母の情愛に応え、涙に応え、亡くなった方の冥福を祈り、できるだけの償いをするべきだと思いました。そして自供しました。

まず、自分の罪をどこまでも知ることが大事なことであり、革命、政治、敵……こういった要素で自ら卑怯、罪を少しでも隠すことはなお罪を増すことであるし、そんなところに問題があるとも思っていました。亡くなった人達のみがそんなことをしない立派な革命家達であると思っていました。今でもそう思っています。

生きているからこそ父母の涙を辛く、また何よりも嬉しく思える、生命こそ尊いものだ……美枝子さんのお母さんのお気持は私事から推察するしかありませんが、本当に申し訳ありません、本当にすみません。

ぼくは、自供する時、今後一生殺人者、そして転向者という非難を受けるだろうと思いました。殺人者……これは私の罪です。背負っていかなければならないと思っています　が、転向者……こんな領域では人を判断できない程の奈落に落ちたのだと思い、そんな非難は本質的なものではないと思いました。むしろそれにこだわって少しでも合理化しようという態度があってはいけないと思っていましたし、今でも思っています。

ぼくは今どのようにしたら罪を少しでも償えるのか、正直言って良く判りません。ただ一生そのことを考え、美枝子さん達の冥福を祈って、自分を、そして少しでも私のことを思ってくれる人達、父母などの愛を偽らず裏切らず生きてゆくのだと思っています。いろいろな制裁があるでしょうが、卑劣な殺人者には当然と思います。そして同時に、ぼくのこの汚れた手が役に立つことなら何でもやろう、と思っています。革命の為に、というような言葉は恥しくて口に出せません。

遠山さんの〝素直になりなさい〟という言葉が身にしみました。そうしよう、できるだけと思っています
ぼく自身、親の情愛をひとつの契機として、少しでも償いの生を生きようと気付いたのに、御遺族の方の心中を察しきれず、お詫びの手紙さえ書かなかった傲慢、本当に許して下さい。

そして決して許されることはないと思っていますが、美枝子さんの生命を奪ってしまったこと、心よりお詫びせずにはおれません。本当にすみません。申し訳ありません。

遠山さんのお手紙は、他の御遺族の方への私の急いでとるべき途を教えてくれました。身勝手ですが御礼を述べさせて下さい。

また厚かましいお願いで恐縮ですが、この手紙を美枝子さんの御霊前に捧げていただけたらと思います。そして美枝子さんの御戒名をできればお報らせいただきたいのですが……供養文と共に深く心に刻み、冥福を祈らせてもらいたいと思っています。

この手紙が、思うように言葉として私の気持を表わせないのが残念ですが、本心を書きました。お母さんがこの手紙を無礼とお思いになるようなことがあってはと思いつつ書きましたが、そんなことも、何より私の本心を書くことでお伝えしようと思いました。

本当に優しかった美枝子さんを、御苦労なさって育てられたお母さんの手から無慈悲に奪ってし

まったこと何とお詫びしてよいか判りません。

もう梅雨時です。インフルエンザも流行している由、どうか御自愛なさって下さい。いつか、もしできることなら、お墓参りできるようになれば幸と思っています。

何を書いたのかボーッとしてはっきりしませんが、このへんでペンを置きます。どうか御自愛なさって下さい。なお四六年の暮のころのことでなお御不審の点がありましたら、お問いあわせ下さい。では、さようなら。

敬具

青砥幹夫

六月十三日夜

遠山幸子様

—132

遠山幸子より植垣康博へ

一九七三（昭和四八）年五月二十五日

私遠山美枝子の母です。あの事件以来一年有余年過ぎようとしています。本当に悲しい事です。

一つしかない尊い生命、地球よりも重い生命、たとへどんな理由があったにせよ、うばうということは許せません。天寿を全うするならば別ですが自殺にも等しい行為、正しくこの世の鬼です。

自分達の合理化の為、理由にならない理由をこじつけ殺した事、寒中にさらして一滴の水も与えず飢えさせたこと、お腹の中には米粒一つもありませんでした。ましてや髪の毛をきったりして棒でなぐって逆エビにしてロープでしばって本当にむごいことをしてくれました。そんなことをすれば死に連がることは明らかです。それも一人でなく十四人の生命をなくしておきながら、その手でよく一年間食事が出来ること。その手をよくみて一年前のことを思い出してみよ。

一年もだまっているその気持、鬼です、人間の皮をかぶったオニです。なんにもしていないあの子をよくも理由もなく自分達の合理化のため殺してくれました。それも同志と信じていたあなたに。本当に残念なことです。

私はあの子が六才の時父が亡くなり、それから一生懸命私が育ててきました。あなた達と違ってちゃんと大学も卒業しました。そんなに苦労して大きくしたあの子を二度と帰らぬ様にして。あなたにも両親や兄妹がいるようにあの子にも私や姉妹がいます。この一年間どんな思いで過して来たか、一日一時間なりとも忘れたことはありません。

犬でも三日飼えば恩は忘れないといいます。鬼の目にも涙ということわざがあります。どんな気持で謝罪の手紙一つ出さず平然として自分の行為を正当化しようとしている態度決して許すことは出来ません。

家族からの追求がこわかったとか、のがれてみたかったとか、自分達のやった行為に対して目をつぶり、自分が現在生きているそのことのみしか考えがなかったのですか。私は現在生きているあなたをふくめて親御さんが真実うらやましい。生きているならばこそ裁判にもいろいろと文句がつけられます。あの子はもう二度と私の手には帰ってきません。

人を愛することが出来なければどんな残こくな事でも出来ます。本当に人間の皮をかぶった鬼です。人非人、気狂いならあきらめもしますが、人間のやったことと思えば本当に恐しいことです。人間として生れたからには人間として人の子として社会の一員として進むべき途はあります。申訳なかったという言葉すら見うけず平然としているその気持、人間ですか。あなたは血も涙もないのか。自分の手を切って赤い血が出ますか。赤い血が出ればもっと人間らしく人間らしい気持、素直な気持にならなければいけません。いづれ世の中は必ず自分のやったことに対して報いがあります。因果応報です。あなたは現在が一番安全な所に居るわけです。

○○さん、あの人はあなたの子供を身ごもってたいほされました。どんなにあの子は心配して世話をしましたか。子供は三ヵ月でおろしましたが。

あんたも、もしかすると人の子の親になっていたところでした。生きていれば……そんなあの子を何故殺したのですか。心あるならばこの親の悲しみ苦しみよくきけ。私はどうしてもこの一年あきらめることが出来ず、四月に榛名ベース跡にまで行ってこの目でたしかめてきました。殺しておいて身ぐるみはいで倉渕村に埋めて、燃した木もそのまま。どんなに苦しかったか。山本順一さんの妻、吉野、森等の手紙によりあの子の最後の様子をききました。

本当にむごいことをしてくれました。あんな山の中で一体何が出来るのです。革命革命と呼びながら何が出来たのですか。十四人を殺しただけ。理論の先取りで本当に実にお粗末でしたね。

私はすべての供述書にも目を通しました。自分達の為にみんなを殺してしまいオニオニ。どんな思いで死んでいったか。死ぬ時には革命も何もなかったはずです。何が革命か、人の尊い生命、情、そんなものをすべてうばって今更革命でも正当化でもないでしょう。人間らしい事、この世ではごくごく当然の事が、なんで理由をつけて殺してしまったのですか。

あなたは坂東のスパイですか。どうして仲間を助けることが出来なかったのか。あなたは人の情も通じないのですね。ケダモノよりひどい人です。

あの子は死んでも私の所に知らせに帰ってきました。三月六日の夜三時半頃玄関のドアをたたいて、二回たたいて私に知らせてくれました。それから一年あまり親しい友達の所に夢の中に出てきます。本当にまだまだこの世の中にしたいことやらやりたいことがたくさんあったはずです。

私の手紙に対して返事を書くことはあなたの責任と義務です。自分の責任を果すことです。もっと世の中を広くみて人の愛、人の情を理解する素直な人になることです。

十四人の肉親はどんな思いでこの一年暮らしてきたかよく考えてみることです。

同封の書文、昨年三月二十一日のお彼岸の時、倉渕村のお寺の住職がよんで下さいました供養文です。正しくこの通りです。

親はこの様にして亡き子供をしのんでいます。生ある限りこの苦しみ悲しみはつづきます。良人や妻のかけがえはありますが、我が子のかけがえはありません。生命をうばったことは決して許すことは出来ません。

植垣康博より遠山幸子へ

一九七三（昭和四八）年六月三十日　東京拘置所より

遠山様へ

謝罪文―自己批判書がきわめて遅れてしまった事、そしてまたあなた様よりのお手紙の返事として書かねばならない事に対し深くおわびいたします。少くともただちに謝罪文をさしあげなければならないにもかかわらず、そしてまた、僕自身の二月二十八日付自己批判書提出以前に書かなければならないにもかかわらず、こんなにも遅れてしまった事は、いかなる理由があるにせよ、日本帝国主義者、資本家階級が中国・朝鮮侵略によって中国・朝鮮人民を大量に弾圧しぎゃく殺しさらにりゃく奪しておきながら、三十年近くたっても真剣に自己批判しようとしないのと同一性をもっており、全く弁解の余地もありません。深くおわびいたします。さらにお母様からのお手紙を御遺族の方々の率直な、そしてきわめて積極的な発言として、心から感謝し、ありがたく読ませていただきました。僕自身、御遺族の一部の方と文通しておりますが、十四名の御遺族がお母様のように積極的に発言し、僕達を断固として弾劾し、責任を追求してくれる事を期待しております。今後とも、御遺族の断固とした批判に基づいて、自己の誤まりを徹底的に解明し、相互の不信をとりのぞいていきたいと思いますし、そのようにして今回の誤まりを徹底的に克服していきたいと考えます。そして御遺族のみなさまがなっとくのいくまで自己批判をしていきたいと考えます。

　まずはじめに、僕のきわめて親愛な同志の一人であると同時に大切な指導者である同志遠山美枝子様を殺してしまった事を深くおわびし、心から謝罪するとともに、問題を正しく解決する事のできなかった僕自身の思想的誤まり、欠如、不十分性を自己批判したいと思います。しかし僕はあなた様が書いておられますように「家族からの追求がこわかったとか、のがれていたかった、自分達のやった行為に対して目をつぶり、自分が現在生きている、そのことのみしか考えがなかった」という事によって謝罪文を出さなかったわけではありません。また僕は「謝罪の手紙一つ出さず平然として自分の行為を正当化しようとしている態度」を貫らぬこうとしたおぼえもありません。逆に一貫して連赤問題を解明し、その本質を追求するとともに、自己の誤まりを明らかにしようとしてきました。敗北後の僕はまさに絶望的気分の中から、誤りの根拠を追求しようとして必死でありました。なぜならそれができずにブルジョア・イデオロギーに屈服すれば、それこそ真に思想的敗北であり、その結果は自死か転向しかありえなかったからであり、闘争を断固として堅持し継承していくためには、この誤りを克服しなければならなかったからであります。たしかに当初は僕自身十四名の革命的同志の死をもたらした党中央の極左冒険主義の指導、さらに敗北をもたらしたメチャクチャな方針に対する憎しみのあまり自供してしまいましたが、しかしその自供もまた誤りである事を理解し、自供をとりやめる闘いにまずとりかかり、まさにボロボロの絶望的状況から立ち直る立場をなんとか作る事ができました。僕は、この間、助かろうとか自己を正当化しようとか考えた事は全くありません。むしろ自供のどろ沼から立ち直り、ブルジョア権力に断固たる姿勢をもつ事ができた時、逆に同志粛清と自供という二重の誤まりの大きさに気がつき、死刑の要求として公判闘争を断固として貫徹する事によって死刑を実現しようとしたのであります。しかしこれは問題の根本的解決ではなく、そこにおける決意主義はまさに榛名における論理と全く同様のものであり、再び混乱してしまい、こうした混乱の産物として、七月末~九月中旬における僕の文書があったのであります。――したがってこの混乱したメチャクチャな文書、自供書と同様にどうしようもなり絶望の産物を公表しようとした事に対して断固として反対したにもかかわらず、僕の要求を無視して「情況」五月号に公表されてしまいました。この文書は断固として自己批判的に撤回し、またこうした混乱をしてしまった事、このようなデタラメな文書を書いた事を深くおわびします。――なぜこのように混乱してしまったかと言いますと、自供書がいかなる理由があるにせよ誤りであり、一面において自己正当化があった事からこの自供書の否定として党中央の立場を擁護し、党中央に対する様々な攻撃から絶望的気分になっている党中央を防衛し、榛名での党中央の誤まった極左的指導に断固として反対しえなかった僕達第一ゲリラ隊(中央軍)に責任がある事を明らかにしようとしたため、逆に矛盾を十四名の同志に部分的に転嫁するという誤りを行なってしまったからであります。

　しかしながら党中央自身が根本的におちいっていた誤り、したがって僕自身もおちいっていた誤り、特に僕達が着手した革命戦争の日米帝国主義者、資本家階級と、我々を含めたプロレタリア人民との闘いに規定された僕達内部の矛盾の展開を明らかにできるようになって、あるいはまた共産主義思想の思想的基礎たる方法、観点、立場を理解することによって、はじめて同志美枝子様をはじめとする十四名の革命的同志が党中央の根本的誤まりに断固として反対し、党中央（森恒夫君）に代表された誤まった路線に対して自己の正しい路線を防御しようとしたが故に殺された事（粛清された事）を理解したのであります。そしてこのような暴力的路線闘争を正当化・合理化するために、党の共産主義化としての思想問題の解決において、森君自身の、肉体と精神の統一と称した日本的封建主義的な、前近代的右翼的な暴力的教育を共産主義として絶対化した思想＝人生観が共産主義思想とされたのであります。今ではこのように科学的に当時の党中央の誤まった思想を解明しえますが、榛名においてはこのデタラメな共産主義を見ぬき反対しえるだけの思想的力量を持たず、そうした思想面における誤まり、不十分性、弱点を持っていたが故に敗北後は自供、すなわちブルジョア・イデオロギーに対する思想的敗北をしたのであります。つまり党中央の非マルクス主義ブルジョア・イデオロギーに屈服してしまったため、敗北後も同様のブルジョア権力の非マルクス主化しようとするものではありません。

すなわちわかりやすく言えば、僕達が革命戦争を2・17武器奪取闘争↓連続金融機関襲撃闘争↓6・17機動隊撃破戦として着手し、それによって機動隊政治によるプロレタリア人民の闘いに対する弾圧体制を突破しました。その結果、機動隊政治のもとに抑圧されていた下層プロレタリアートを主力とした労働者下層農民の闘いが新しい階級闘争として歴史の舞台に登場し、以前の古い階級闘争に対応した古い政治路線を堅持する部分と、この新しい階級闘争に適応した新しい政治路線を要求する部分との間に対立関係が形成され、党内の内部矛盾をブルジョア権力の弾圧の激化とともに増大させました。それはこの古い政治路線を堅持する代表としての党中央と不断に実践活動を行ない、この実践的経験を通して新しい階級闘争の前進と、ブルジョア権力の集中的な激烈な弾圧を直接的に把握し、新しい政治路線を要求する中央軍（第一ゲリラ隊）、および人民大衆との接触を行っている合法機関＝革命戦線との対立でありました。特にブルジョア権力との不断の攻防関係にある中央軍にあっては、党中央の客観的状況を無視した極左路線が現実的には玉砕しないかぎり不可能な事を理解していたため、党中央と第一ゲリラ隊、つまり森同志と僕達との対立関係は相当に深刻になり、この対立関係を正しく解決しないかぎり森政治局員を一兵卒化要求、ないしは粛清としての軍部による党内クーデターをしかねない情況でありました。しかしこの軍事クーデターは全くナンセンスな事であり、意識的な暴力的路線闘争であり、つまり「内ゲバ」であり克服しなければならない事でありました。

他方、同志美枝子様達が活動していた革命戦線（ＲＦ）にあっても、人民大衆との不断の接触や政治工作活動（宣伝・煽動と組織化）を通して古い政治路線が非現実的で空論的で全くの役立たずな事を理解し、新しい政治路線の必要性を主張することによって古い政治路線との対立、すなわち党中央と革命戦線（ＲＦ）＝合法政治工作機関との間の対立、つまり森政治局員と、同志美枝子様達との間の路線上の対立を形成したのであります。こうした限界を同志美枝子様達は新たな実践活動（軍事工作活動）に前進することによって、実際的状況に合致した政治路線を獲得しようとして、自ら第三ゲリラ隊に志願したのであります。しかしこれは古い政治路線と新しい政治路線の獲得との間の対立関係を深刻化させ、やはり第一ゲリラ隊と同様に、党中央との対立矛盾を解決しないかぎりどうしようもならなくなりました。

こうした対立矛盾を解決すると同時に、七二年５・15沖縄決戦に備えるために僕達は十一月下旬南アルプスの軍事訓練基地に移ったのであります。したがって、この段階では全くあの大量粛清など思いもよらなかったし、また僕達第一ゲリラ隊自身にしてみれば、この南アルプスへの移動は七一年四月に僕が当初から計画していたある武器奪取闘争のための移動でしかなく、この闘いを通して、対立矛盾を解決しようとしたし、党中央（森君）自身も自己自身の限界を克服しようとしていたのであります。

しかしながら十二月上旬約一週間にわたって日共革命左派の同志達と共同軍事訓練が行なわれた時、当時の党中央よりも一層古い政治路線を絶対化していた革命左派指導部から赤軍派の新たな政治路線への転換をおしすすめようとしていた部分に対して、特に同志美枝子様に対して批判が展開したのであります。というのは同志美枝子様が彼らの政治路線、特に山岳社会革命主義を批判したからであります。なぜこのような批判が展開したかと言えば、共同軍事訓練において僕達の実際的状況に合致させ、ブルジョア権力との毎日の攻防関係において成長してきた新たな軍事路線が、革命左派の非現実的な、都市から逃亡せざるをえないような古い政治路線を、赤軍派の党中央（森）が堅持しようとしていた社会革命主義ともいうべき古い政治路線と同様に解体させ、革命左派の下部活動家との一体化をおしすすめていたため、この解体から自己を防御し、下部活動家を革左自身の指導につなぎとめておくために行なわれたのであります。

たしかに主観的にはこのような事を考えていなかったかも知れませんが、しかし革左中央（永田さん）の指導力の急速な低下に危機意識をもった事は明らかであります。その批判が、「なぜ化粧をするのか」とか、「なぜ髪毛をのばすのか」「なぜ山に来たのか」等々というものから、さらには「赤軍派は苦労していない」「なぜ米を食べるのか」等々というものまで発展していきました。そしてこのような批判がしだいに永田さんと同志美枝子様との感情的なまでの対立となり、僕達には手のつけられないものとなってしまい、「ポカン」としていました。永田さんは泣き出してしまい、「なんでこんなに苦労してきたのかわからない」と言い、僕達自身なにかしら悪いことをしているみたいで小さくなってしまいました。革命左派の指導部にしてみれば、山岳生活において苦労に苦労を重ね、麦のゾウスイでたえ、二名を処刑してまで銃と山岳生活を守りぬいてきた闘いを否定し、そうした政治路線を解体してしまおうとする僕達はまったくゆるせない存在であり、他方、僕達にしてみれば、つまり都市ゲリラ戦争を通して、都市労働者との結合形態、沖縄決戦に向けた陣型構築を、多量の犠牲を出し、彼らにはわからない別の意味での苦労を重ねて追求してきた僕達にしてみれば、革命左派の山岳生活での意識ばかりさきばしった主観主義、精神主義、現実の階級闘争と結びついていない非実際的な山岳生活での家族主義、狭いサークル主義、日共的な排外主義は断固として克服しなければならないものであったのであります。しかしながら、この段階で都市労働者との結合形態、すなわち新しい政治路線を獲得しきれていなかった僕達の主張は弱いものであり、単に政治路線のちがいではすまされないものになってしまいました。そこで、僕達はこうした政治路線上の対立を思想問題の解決でもって克服しようとし、新しい問題を提起することによってこの危機的状況を回避したのであります。ところが革左派の指導部と僕達赤軍派の被指導部の対立として表われた古い政治路線と新しい政治路線の傾向との対立は、同様に赤軍派の指導部＝党中央と僕達との対立であり、まさにこの内部矛盾の解決こそ、思想問題の解決によってはじめて可能だったのであります。

この思想問題の解決とは共産主義化といわれるもので、共産主義思想の獲得なのであります。そしてこの思想問題の解決を通して、新しい政治・軍事路線、実際的状況に合致した革命理論を獲得しようとしたのであり、また、そのようにしてのみ、新しい政治・軍事路線、正しい革命理論の獲得、その物質化としての党建設が可能だったのであり、したがって赤軍派と革命左派との統一による新党建設も可能だったのであります。ところが共産主義思想というものは始めから全面的に与えられているものではなく、また共産主義思想とはこれだと特定できるイデオロギーではなく、逆にそうしたイデオロギーを批判し、実際的な社会的諸現象の科学的分析によって少しづつ獲得されるものなのであり、そのため共産主義思想が問われた時、全ての同志が答える事ができず、またそれを獲得するための闘いを組織できず、その結果、党中央自身の思想性が問われることになってしまったのであります。ところが党中央自身、この問題に対してまず自己批判し、この問題の解決のために百花斉放・百家争鳴を組織し広く意見を求めるのではなくて、自己の思想を共産主義思想に代行させることによって絶対化し、それとともに社会革命主義としての古い政治路線を山岳社会革命主義として、古い軍事路線を唯銃唯軍主義極左路線として正当化する事になってしまい、それまでの党中央の指導の誤まりとしてあった様々な軍事作戦の失敗を全て軍事作戦を担った兵士の責任とすることによって自己の指導を正当化し、第一ゲリラ隊の闘いつまり僕達の闘いを流賊主義、革命戦争においてはゆるされないゲリラ主義として清算してしまったのであります。つまり、この山岳生活を山岳社会革命主義としてうけいれた政治路線とは僕達との間に対立関係をもっていた古い政治路線そのものであり、その結果、僕達が都市労働者との結合形態の探求として追求していた新しい政治・軍事路線は思想性の欠如、誤まり、不十分性でもって抑圧され、清算される事になったのであります。このことは同志美枝子様自身においても同様であり、同志美枝子様が行なったある政治活動が失敗した時、それを党中央（森君）自身の指導の誤まりの結果とするのではなく、同志美枝子様の責任とされてしまったのであります。

ところが党中央が絶対化した自己の思想とは、実際には共産主義思想とは全く対立した非マルクス主義的ブルジョア思想そのものであり、党中央個人の経験に基づいた人生観でありました。つまりそれはブルジョア思想と全く同様であり、ロマン的な資本主義批判であり、人間の意識・精神を第一におき、実践・事物を第二におき、意識・精神を絶対化し、意識でもって実践を規定していこうとする（唯物論の能動的側面とは理論でもって実践を規定していくものであり、この理論とは単なる意識ではなく、物化された意識であります）主観主義的観念を方法とし、革命運動、歴史の動きを個人の資質で考え、歴史は天才や英雄、さらにはまた神様が創造すると考える観点をもち、したがって革命の原動力、歴史の推進力を人間諸個人の精神力、意識性、個人的能力、自己犠牲心、献心性等々に求める精神主義的階級闘争の立場に立っており、このような方法、観点、立場に基づいて、資本主義社会とその人格的表現としての資本主義的人間観を、まさに非科学的に個人主義的に批判し、自己のロマン的主観的願望としての精神と肉体との統一・一体化をなしとげる仙人（自己の肉体を自己自身の精神に基づいて自由にあやつる事のできる仙人）、死をものりこえる精神力をもった超人、等々の人間観を実現しようとする造神主義的共産主義観であり、全くの非現実なブルジョア思想そのものであり、革命運動には全く敵対的なものでありました。

このような思想をもって、十二月中旬、榛名に移った党中央と指導部は（森君と同志山田君、それに坂東君）、赤軍派の闘いを正しく止揚するのではなくて全面的に清算し、十二月二十日に新党建設を、僕達を無視し、全同盟員を無視し、全プロレタリア人民を無視して行なったのであります。そして自己の思想を絶対化した党中央と革命左派中央指導部、すなわち新党指導部は、自から新しい真に獲得された思想政治路線と称するものが全同志になかなかうけいれられなくなるや暴力的指導を、教育、党としての強い指導、共産主義化のための援助という美名のもとに、この自称新らしい思想・政治路線に疑問、反対を呈するような意見を一切抑圧し、自己の古い非現実的な思想・政治・軍事路線に対立する、新しい真に正しい政治・思想・軍事路線を堅持しようとする部分を清算するために、一挙的共産主義化と称して、あるいは「死にものぐるいの共産主義化」と称して粛清を行なっていくことになったのであり、これこそ新党建設の実体だったのであります。つまり路線闘争を暴力的路線闘争（内ゲバ）とし、しかしそれを全同志にわからないようにし、隠ぺいするために、あるいは正当化・合理化するために、さらに殺意をわからないように、殺人者としてのレッテルをはられないようにするために、思想問題の解決・党の共産主義化という大義名分をもちこみ、一見高度な次元での重要な闘いと全同志に思いこませてしまったのであります。したがって全同志は思想問題の解決と思いこみ、路線闘争と見抜くことができず、全く反対することができなくなってしまったのであります。

なぜ思想問題がこれほどまでに重要視されるかと言いますと、共産主義思想こそ革命理論、すなわち政治・軍事・組織路線の根本的基礎だからであります。したがって、この共産主義思想の獲得の闘いというものは、全同志にとって不断に要求され、特に革命運動が本格的な前進を示そうとする時には、この思想性において、マルクス・レーニン主義がしっかりと基礎にすえられていなければならず、その意味で、日本革命運動史上はじめてマルクス・レーニン主義が正しく獲得されようとする段階にまで到着したのであります。したがって全同志が、このマルクス・レーニン主義思想の問題にただちに答えられないのは当然であり——つまり日本の具体的状況に合致した共産主義思想というものは獲得されていなかったのであり、だから全同志は答えられなかったのであります——この問題にしんちょうに注意深くとりくまなければならないにもかかわらず、党中央は自己の思想をこの共産主義思想に代行させてしまう事によって絶対化し、この思想を基礎とした古い政治・軍事・組織路線を正当化してしまう事になってしまったのであります。しかしながらこの思想・政治路線は実際には古い全くの非現実なもので、実践にうつそうとすればそのデタラメがたちまち暴露されるため必然的に党中央の指導力は後退してしまい、この指導力を強化するために党中央に反抗的な部分を、「党をバカにしている」として——実際には永田、森君をバカにしたのだが——総括要求と称して暴力的指導をもちこみ反抗を抑圧し、それでもって自己の指導力を強化しようとしたのであります。しかもそうした問題を全体討論にとって解決しようとせず、自己の思想を絶対化しているが故に、自己の独断で決定し、方針として全同志におしつける事になったのであります。

これに対して南アルプスにおける僕達は、党中央の独断的専行を一時的にはゆるしながらも、この共産主義思想の獲得をあくまでも討論を第一にし、また自己批判を第一にしておしすすめていたため、また新しい政治・軍事路線の獲得をめざしていたため、そうした暴力的指導は全くもちこまれなかったのであります。しかしそれは党中央の反動的な思想を見ぬき、批判しきれていたかというと全くそうではなく、また共産主義思想というものがどういうものか全く理解できておらず——共産主義思想は党中央の誤まった思想を克服してはじめて獲得できるのであります——しかしこの獲得の闘いを持久的な組織活動とし、問題を沖縄決戦に向けた準備に移行しようとしていました。しかしこれが正しい闘いに他ならず、沖縄決戦に向けた準備の闘いを通して思想問題を持久的に解決する事、これ以外にこの問題を解決する方法はなかったのであります。とはいっても僕自身には全く確信はありませんでした。ところが十二月末南アルプスから榛名への移動が、新党結成を決定した指導部（寺岡君、坂東君）によって決定され、また、この移動の問題に関しても十分に討論されないまま「新党結成」を共にしようというあいまいな提起によって、大きな不安をのこしたまま移動することになってしまったのであります。というのは、南アルプスにいた赤軍派の全同志が過去の活動における誤りや失敗を指摘される事によって、特に寺岡君から批判される事によって、新党結成の問題に屈服させられてしまったのであります。むしろこの段階では同志美枝子様らは「総括できている」と坂東君によって判断され、危機的だったのは僕や同志山崎君らでありました。そして南アルプスにいた同志のうち、同志美枝子様や同志進藤君、同志行方君らが十二月三十一日に移動し、僕と同志山崎君があとかたづけ、整理のため一月二日に榛名へ移動しました。

　ところが僕が移った時には、同志進藤君がすでに殺害（粛清）されておりました。これは明らかに第一ゲリラ隊の闘いに対する清算に他なりませんでした。僕はガックリしてしまいました。というのは同志進藤君は僕がオルグし、一貫して指導してきた同志だったからであり、したがって同志進藤君の殺害は明らかに僕自身の闘い、指導そのものの否定であり、新しい政治・軍事路線の思想性の欠如を理由にした清算だったのであります。たしかに僕自身、当初はこの事実に対して抗議しました。しかしその抗議は弱いものであり、決定的ではなく、逆に「お前は遅れている。南アルプスとはもうちがうんだ。お前は自分自身の総括をまず行なえ」という党中央の発言のもとにこの抗議は抑圧され、結局、屈服させられてしまいました。僕自身、この最初のもっともかんじんな、全てを決定するこの抗議が弱いものであり、まったく小さなものになってしまったのは、正しい共産主義思想とは何か、どのようにして、共産主義思想は獲得されるのかという根本的な問題が全くわからなかったため、党中央の暴力的指導を教育・援助と称した共産主義化の闘い（実際には自己の独裁を建設するためのブルジョア的法律主義に基づいたブルジョア化の闘い）の誤りが見ぬけなかったばかりでなく、自己自身の思想的誤まり、欠如、不十分性をもっているという弱みがあったからであります。その結果、自己の思想面における欠如、不十分、誤まりを克服する闘いを第一におかされる事によって党中央の方針に屈服させられてしまい、正しかろうと正しくなかろうと、反革命的な共産主義化の闘いを行なっていく事になってしまったのであり、結局、これは僕だけでなく全同志においても同様だったのであると思います。つまりそれが全同志の前で一度に行なわれたのでなく、あるいは全体討論の中で全員が確認したのではなく、党中央自身に対する同調者を少しづつ広げていくというきわめて行政的なやり方で行われたのであります。つまり森君はきわめてすぐれた行政手腕家だったのであります。しかし、それは共産主義政治とはちがったブルジョア政治そのものであります。

このようにして、同志進藤君の死はうやむやにされ——最初はなぜ粛清したのか理由をきかされず、逆に彼自身が死を選んだというような事を聞かされた——僕自身も理解できないまま、同志美枝子様の総括要求へと前進することになってしまったのであります。僕自身、同志進藤君の死を自己自身の問題として徹底的に追求しさえすれば、あのような重大な誤りをくりかえさなかったかもしれませんし、逆に僕自身殺されていたとしても、自己自身の赤軍兵士としての名誉を保持していくことができたでありましょう。しかしこれがなしえなかった時、結局同志進藤君自身の死を認めてしまったのであります。

同志美枝子様に対しての総括要求（一挙的共産主義化要求）は二日の晩から三日の早朝にかけて行なわれました。――この時同志進藤君だけでなく同志尾崎君、同志小嶋さんの死をしったのですが、これは僕、後から榛名に来た部分を屈服させるに十分でありました――当初は、僕や同志山崎君等の総括から始まり、そして同志遠山様や同志行方君へと移り、討論形式によって行われましたが、総括を検証すると称して同志小嶋さんの死体を埋葬する作業が同志美枝子様、同志行方君によって夜中に行なわれ、この作業の再総括の討論が朝方まで行われました。一見すると実践にもとづいた総括のようでありますが、実際には非科学的な観念論、精神主義、死の美化、霊魂の不滅を論じるような共産主義の永遠化等々が大言壮語のもとに展開し、科学と書物は否定され、頭ごなしのきめつけによって美枝子様は急速においこまれ、どうしていいかわからなくなった同志美枝子様は自己自身の闘いを全く清算させられてしまって絶望的な状況になってしまいました。この討論から、きめつけという過程は南アルプスのやり方とは全く異なって前進的ではなく、個定的形而上学的で、南アルプスでの方法でやろうとした僕は逆に党中央によってドヤされてしまいました。つまりそこでは、明らかに科学的な方法ではなく、警察等での取調べと全く同様の方法が展開したのであります。党中央（森君）と同志美枝子様との対話は赤軍派結成当時の僕にはわからない問題にまで展開しました。この時の最後の方での党中央においこまれてからの対話、つまり心の奥底をのぞき見るような、個々人の存在を無にさせようとするようなその個人の意識でもって、その個人全体を判断するようなきめつけ、まさに不当なでたらめなきめつけ――しかし、僕自身も一面においては、このようなきめつけに手をかしたことは事実であり、この点を深くおわびいたします。僕自身、もっと根本的な問題を科学的に分析し、同志美枝子様という人格をとして表われた矛盾が、同志美枝子様の活動上における地位と党中央の誤まった指導方針とによって生じている事を見きわめれば、党中央の犯している誤まりを発見できたと思います――を行なってからの対話は次のようでありました。すなわち同志美枝子様をT、森君をMとしますと、

M「どうだ、総括できるか」T「わからない」M「わからないではない。できるかどうかをきいているのだ」……「どうなんだ」「はっきりしろ」「できるのかできないのか」というみんな発言……T「やだもん、やだもん、水木（同志小嶋さんの事）のように死にたくないもん」M「水木のように死にたくなければ総括しろ」「どうなんだはっきりしろ」……「総括するのかしないのか」という同志大槻さんの発言……T「総括します」M「どうやって総括する」T「自分で総括しま

す」……沈黙……M「どうする」T「どうしたらいいかわからない」M「わからないではすまない、お前はさっき自分で解決するといったのではないか」……T「はい、自分で総括します」「でもどうしたらいいかわからない」M「自分で総括するんだな。それなら、我々は援助しないぞ。それでもいいのか」T「はい」……M「ほんとうにいいのだな。それなら自分で総括しろ」T「……」M「はやく自分で総括しろ」T「……」M「自分で総括しろという事は、自分で自分をなぐれということだ。今まではなぐるのを援助してきた。しかしお前は、自分で総括するといったのだから、自分で自分をなぐれるはずだ。我々は援助しない、はやくやれ」T「……」M「どうなんだ。はやくやれ」T「やります」みんな「がんばれよ」

　として同志美枝子様は、三日の早朝、「自分で自分の顔をなぐる」という事態が始まったのであります。なぜ顔をなぐらせたのかおわかりでしょうか。それは同志美枝子様が美人だったからであります。つまり美しい顔をだいなしにする事、これが総括だったのであります。――僕にはなぜそうさせたか、最初は全く理解できませんでした。したがって、これに気がついた時、党中央の考えの狭さにガッカリしました。――ところで、お母様は、なぜ僕が反論しなかったかとせめられると思います。実際、「あなたは坂東のスパイですか。どうして仲間を助ける事が出来なかったのか」と言っておられますが、このような批判、疑問は全く当然のことであります。僕が反論できなかったのは、けつして反論して殺されるのが恐ろしかったためではありません。一面においてはそういう面があったかも知れませんが、しかし共産主義運動においてはそのような弁解は全くゆるされません。――そのように言う人がいますがそれは明らかに自己正当化であり、ブルジョア権力に屈服するための責任回避であります。――僕が反論をなしえなかったのは、僕自身の共産主義思想というものに対する無理解からくる思想的誤まり、欠如、不十分性故に党中央の思想的誤まり、すなわち、非共産主義的ブルジョア思想が全く見ぬけなかった事と、また自己の思想的誤まり、弱点、不十分性を理解していたが故に、「共産主義化の闘い」という大儀名分に反対する事ができなかった以上にその重要性を理解していたからであります。もしも、党中央の誤まりが見抜けないならば、つまり暴力による共産主義化の闘いの誤まりが見ぬけないならば、この共産主義化の闘いに反対することは思想問題の解決に反対し、革命運動の根本的基礎たる共産主義思想の獲得の闘いに反対し、自己の思想的誤まり、弱点、不十分性を克服する闘いを拒否することになるからであります。したがって、同志美枝子様も自己の思想的誤まり、不十分性、欠如故に、党中央の誤まりを根本的に見ぬけず、しかし共産主義化の闘いには反対しえず、自己の思想的不十分性を克服する闘いに前進しながらも、党中央の政治・軍事路線に対立し、山岳社会革命主義に反対したが故に思想的不十分性を理由にして、あるいは党に対する自己犠牲心、献身性が欠如しているとして、総括要求されることになったのであります。現在からとらえかえして見ますと、この党に対する自己犠牲心、献身性の欠如とは、森・永田両指導部の私物化する党（主観的にはどうであれ、客観的には自己の思想を絶対化していることから党を私物化しているのであります）に対しては断固として反対したが故に欠如していたのであり、これは同志美枝子様がプロレタリア人民自身の立場、この階級の利益を代表する立場を貫徹したのであり、この点において最も革命的であったのであります。

　党がプロレタリアート自身の立場に立ち、プロレタリア人民自身の利益を正しく代表し、したがって同盟員諸個人の利益に正しく基づいていれば、党自身は、全ての同盟員、全てのプロレタリア人民から絶大な献身性、自己犠牲心を得ることができますが、同盟員、プロレタリア人民の利益から対立し、党中央指導部自身の利益のみを追求し、党を私物化すればけっして自己犠牲心献身性が得ることができず、そこで党中央は暴力をもちこんで自己の指導力を強化し党の私物化を維持したのであります

　こうして「自分で自分の顔をなぐる」という悲惨な事態が約三十分〜四十分位行なわれ、この間、みんな「がんばれ」とか「どうした」とかいってはげましておりました。僕自身この異常さにしばしぼう然としていましたが、「はたしてこのような事をして総括できるのか」という疑問が一貫してあり、この時ばかりでなくずっと一貫してありました。しかしこの疑問をふかめきる事ができず、ただ「どのようにしたら兵士を党中央の総括要求から回避させることができるだろうか」あるいは「いつになったら終るだろうか」という消極的な抵抗しかできませんでした。これは僕の森君に対する以前からの抵抗形態でありました。したがって、僕自身同志美枝子様に対しても、その後縛ら

れた同志行方君にも消極的な援助、たとえばしばる時縄をゆるく縛るとか、総括内容をソッと教えるとか等々しかできませんでした。情けない僕でありました。しかしこの悲惨な事態の結果、くちびるははれあがり、くちびるが切れて顔中血だらけとなってしまいました。これに対して永田さんは、「なかなかいい顔になったわよ」「どう、かがみみる」「みせてあげようか」「みなさいよ。これがあなたの顔よ。ほら、きれいな顔がだいなしになっちゃったでしょう」等々と言っていましたが、さすがにこれは僕達兵士にはゆきすぎを思わせました。僕自身今でも思うのですが、どうして女性はヒニクっぽい事を非科学的に言うのか、という事を時々考えます。これこそ女性が女性自身問題を正しく解決しようとしない傾向を示しており、女性解放運動の遅れている原因でないかと思います。

そうして次に、僕を同志山崎君、及び青砥君との三人で、同志美枝子様をしばるように命ぜられましたが、この時、僕達は純粋に教育を考えていたので簡単にしばったため、あとでどやされてしまいました。つまり手を縛っただけで体の自由が十分にきくようにしたからであります。その後、行方同志の時にも僕の縛り方がわるいとしかられ、あるいは同志美枝子様に対する姿勢があまいとしかられ、「この闘いがよく理解できなくても、一度決定した方針は実行しろ」として、方針に対する絶対服従の原則がもち出されたのであり、これは一般社会で言えば「規則に従え」というものでありました。このようにして僕自身も、デタラメな共産主義化の闘いへとひきこまれていってしまったのであります。むしろこの段階での僕は、党中央の意見をあれやこれやと批判しえる党員ではなく、またこの暴力的指導＝粛清の方針を提起したおぼえもなく、党中央の命令に絶対服従し、それを忠実に実行する兵士でしかありませんでした。それはまさに刑務所の看守と同じであり、警官、自衛隊の兵士と全く同様でありました。僕自身、こうした兵士でしかなかった自己の未熟さは深く自己批判したいと思います。僕が党中央の意見に反論しえるようになったのは、敗北が近づいた段階であり、終わりの方でやっと党中央の方針に反対しえる党の立場に立てるようになりました。しかし、それはすでにおそく、結局敗北してしまったのであります。

またこの時、髪毛を切られてしまいましたが、なぜ切ったのかは、その理由はよくわかりません。しかし最初の方で、同志美枝子様と永田さんとの対立で髪の毛の問題にふれましたが、そのことから一定程度理解できると思います。その発想は、ちょうど刑務所における囚人の髪毛を切るのと同様と思われます。

三日の夜から四日午前二時ごろまでは、同志行方君が総括要求から縛られ、その後、彼は朝まで同志山崎君と見張りをしました。したがって僕は二日間ずっと徹夜になりましたが、これも総括の闘いでありました。——しかし党中央は昼間十分にすいみんをとっています——四日の午前十時頃同志加藤能敬君が死亡しました。この死亡に対して、党中央は「彼は絶望して死んだのだ」「彼は、総括しているようなポーズ、演技をして、我々を安心させ、逃亡のスキをねらっていたのだが、このポーズ、演技が暴露され、逃亡の意志を暴露されると絶望し、生き抜く意志を失なって死を選んだのだ」「彼は今まで逃亡しようとして生きてきたのだ」「真に共産主義者として生きぬこうとすれば、いかに苦しくとも生きぬけられるはずだ、しかし彼は共産主義者として総括しようとしなかったから苦しみを克服できずに死んだのだ」「総括できないのではなくて、総括しようとしないから敗北して死ぬのだ」「総括しようとしないものは敗北主義者・日和見主義者であり、党建設の闘いを妨害する反党分子、反革命分子であり、死んでもしかたがない」として、同志加藤君の死亡を同志自身の責任に帰され、党中央の指導は全く検討されず、責任追求されず、その指導の正当化を行ない、「死をのりこえさせるための暴力的指導」「総括できれば生きぬくだろうし、総括できなければ死ぬしかない状況を作るための援助としての暴力的指導」というメチャメチャな方針は、むしろ強化される事になったのであります。ところで同志加藤君の死亡に対する総括に対して、どうやって反論ができるでしょうか。党中央自身の非マルクス主義的ブルジョア思想を批判しきらないかぎり、反論はできないのであります。

その結果、次の五日の夜、我々は同志行方君と同様に同志美枝子様の足を棒でなぐり、あるいは肩の辺をなぐり、逆エビにしてしばってしまいました。この段階にあっては党中央自身にあってはすでに総括できようとできまいと関係なく、同志加藤君の死亡における自己指導をどうやって正当化するか、という考えしかないように思えました。それはこれまでの援助と称された暴力的指導の域をこすものであり、党中央は、同志加藤君の死亡の総括に基づいて——すなわち「総括できないものは逃亡のおそれがある」という総括——はっきりと逃亡の防止のためと称して決定したのであります。それは、全同志が暴力的指導による総括、共産主義化なるものに疑問を示し、同志加藤君の生き抜こうとした姿勢こそまさに党中央を批判するものであり、あるいは僕達のように、これを理解しかねる部分があったために党中央の指導力をさらに強化し、暴力的指導を正当化し、全同志の動揺を抑圧し、党体制を維持していく必要があったからであります。

つまり「総括できないものは逃亡のおそれがある」という論理のこじつけを、同志加藤君の死を利用しておこない、恐怖政治のエスカレートを正当化したのであります。そもそも「総括できないもの」というのは党中央自身の主観によるもので、それ自体全く根拠のないものであり、根本的には党中央反対派＝「総括できないもの」であるため、「逃亡のおそれがある」というきめつけは、明らかに粛清の正当化でありました。したがって、この暴力の強化は必然的に「逃亡の意志がある」→死刑にまでつきすすむことになったのであり、そうしないかぎり党体制の動揺を抑圧しきれなかったからであります。

つまり、思想問題の解決が問われ、共産主義思想の獲得が要求された時、党中央自身まず自己自身の自己批判を通して自己の思想的誤まり、欠如、不十分性を明らかにし、共産主義化の闘いを行なうのではなく、自己の思想を傲慢にも共産主義思想として代行させ、絶対化する事によって展開された、まさに恐怖政治そのものによる党建設だったのであります。つまり、だれでも、冷静に真剣に党中央の思想が正しいかどうかを検討すればすぐに暴露される誤まった思想であることからそうさせないようにするために、無意識的に恐怖政治の実現によって、思想問題の解決としての共産主義化の闘いの重要性を認識している各個々人に対して、自己の思想的誤まり、不十分性、欠如、弱点の克服の闘いのみに集中させようとしたからであります。したがって、暴力的指導とその教育はしだいにエスカレートせざるをえなかったのであります。

このようにして南アルプスからムリヤリつれてこられた同志美枝子様は、意見・要求を全て抑圧され、様々な不当な、デタラメな、党中央の主観に基づいた非科学的にレッテルをはられ、僕達自身によるメチャクチャな暴力と食事ぬきによって衰弱させられ、七日の夕方午後五時頃、寒中において凍死させられたのであり、まさに南アルプスから党中央の思想の貫徹に基づいて殺すためにつれてこられたのであり、党中央のかかげる思想・政治路線に反対したが故に、あるいは思想性の不十分性をもって、党中央自身の思想・政治路線を正当化するために、同志美枝子様の存在としての闘争、すなわち新たな思想・政治路線の獲得の闘いを清算しようとしたのに対して、これを拒否したが故に粛清されたのであります。同志美枝子様は反党行為のレッテルをはられましたが、実際には反森主義、反永田主義を貫徹し、真の党として立場を貫徹したが故に殺されたのであります。そして僕自身はこの粛清を実行し、そこにおけるうしろめたさを、すなわち自己自身の思想的誤まり、不十分性、同志美枝子様をなぐり、縛り、苦しみを目の前で見ている事等々を、党中央の命令に対する絶対服従でもって正当化・合理化し、党中央との路線闘争を回避したのであり、そして自己自身、内部に集中する矛盾を実践活動に集中する事によって発散させようとし、明らかに僕自身は党建設における路線闘争の日和見主義、敗北主義におちいっていたのであります。しかしながら、もしも党中央の思想的誤まり、反動性を、正しく科学的に批判しきれずに、相互に克服しようとせずに、路線闘争を貫徹したならば、軍事クーデターとならざるをえず、これをさけるためには自己の思想的誤まり、不十分性を克服する闘いをしなければならず、どうしても党中央の方針に従い、これにたえざるをえなかったのであり、たえぬくことによってのみ新たな展望を見いだそうと思ったのであり、僕にとってこれ以外なしえる事はありませんでした。

真に正しい共産主義化の闘い、すなわち共産主義思想の獲得というものは、けっして一挙的・全面的・絶対的に獲得されるものではなく、あるいはまたなぐったり、しばったり、食事を与えなかったりしての、いわゆる暴力による教育によっても獲得されるものでなく、ただ不断の実践活動とそれの理論化、理論そのものの実践による検証、具体的・実践的諸事実に対する科学的調査・分析・事物の運動に対する弁証法的把握、持久的な意識的組織的学習活動と自己批判・相互批判の作風、資本主義的社会生活におけるブルジョア・イデオロギー、ブルジョア国家、法則、思想に対する科学的批判等々によってはじめて獲得されるのであります。事実に基づいて真理を探求する科学的活動、これこそ共産主義をかくとくする共産主義化の闘いであります。

ところで、教育としての暴力、暴力による教育というものは、現実の資本主義社会においてはきわめて一般的に行われており、たとえば親の子供に対するしつけとしての暴力、教師の生徒に対する暴力、国家の人民に対する、あるいは資本家階級のプロレタリア人民、共産主義者に対する弾圧、政治的抑圧と経済的搾取としての暴力等々は全て教育と称されるものでありますが、実際には反対意見、対立意見、反抗、抵抗等々を抑圧し、現存する対立矛盾を暴力的に処理するために用いられるのであります。つまり森君自身にしてみれば、自己の思想や路線にさからうもの、それを認めようとしないものは明らかに森君の指導や森君の堅持する思想・政治路線、そして森君自身の存在に反対するものであり、したがって反対するものを暴力的指導でもって矯正しようとした事は当然のごとく思え、それで死んでも「しかたがない」と思えたのであります。むしろそれを積極的に論理化し、自己の思想を徹底的に貫徹したのであります。もし森君自身が真にプロレタリア人民に依拠し、下部活動家の意見に耳をかたむける謙虚で誠実な共産主義者であり、したがってブルジョア国家・法律・思想を批判する方法、観点、立場を少しでももっていたならば、自己の思想がまったく非マルクス主義的ブルジョア思想である事、自己の指導教育法がブルジョア的指導教育法である事を理解したでありましょう。しかし、森君自身が、自己自身の思想・意識を第一と考え、自己自身を天才のごとく絶対化し、自己の思想を唯一正しいものと考えていては、とても謙虚に自己批判などは行なう事はできず、その結果ブルジョアジーと全く同じことをやってしまったのでありま す。実際ブルジョア的指導教育とは以上に書きましたように暴力を導入したものであり、対立矛盾を自己正当化のために暴力によって処理しようとするものであり、これらの象徴、最高形態として、まさに資本主義的生産様式の維持・制度化としての法律と、それを執行する国家機関、防御する司法警察機構と強制収用所としての刑務所があるのであります。そして独占資本主義（たとえば三井、三菱、住友等）とこれら立法・行政・司法の国家機構と結合したものこそ現在の日本の国家独占資本主義であり、これこそ社会主義への一歩手前であります。このような制度機構を森君自身が自己の思想を貫徹するために用いたのであり、また森君自身の思想の具体的結果として、まさに十二名の同志の死と大敗北があったのであります。このようなブルジョア国家・法律・思想がなぜもちこまれたのかと言えば、まさにこれら自身を徹底的に批判しきれていなかったからであります。

共産主義思想というものは、実践・事物を第一とし、意識・精神を第二とし、人間の意識や思想は、これら実践・事物の運動の反映であり（人間の意識は生活から規定される）実践・事物の運動の弁証法的展開にもとづいて、これらの実践・事物の運動の反映としての意識を理論として物化する弁証法的唯物論を方法とし、この方法を人間の実際的生活、社会的諸現象に適用して（自然的諸現象に適用したのが自然科学）、革命運動や歴史の動きを事物の運動の反映と考え、歴史は事物の発展、すなわち生産力の発展によって創造され、従って生産力の発展を担う労働者や農民等の奴隷、一般人民大衆の力によって創造されるという観点をもち、したがって革命の原動力、歴史の推進力を、労働者・人民等プロレタリアートの世界性、革命性、創造性、英雄性、持久性に求める立場に立ち、このような方法、観点、立場に基づいて歴史的段階としての資本主義的経済社会構成体を科学的に批判し、資本主義的生産様式における生成、発展、消滅にわたる経済的運動法則を科学的に把握し、資本主義から社会主義への移行を人間の主観的願望を考え、精神・意識の変革を論じる小ブルジョア的な共産主義、空想社会主義を徹底的に克服すると同時に資本主義から社会主義への移行の不可避性の科学的論証にもとづいて、そのための革命理論、政治・軍事・組織路線を科学的に獲得するものであります。このような思想というものは長い持久的な闘いを通して始めて獲得できるものであり、そして不断の実践による検証を通して誤まりを正し、不十分性を補ない、内容を深めていかなければならないのであります。このような思想を七一年十二月頃から獲得しようとしながらも、党中央の非共産主義思想の絶対化によって、あるいはこれを克服する事に失敗して僕達は重大な誤まりを犯す事になり、同志美枝子様をはじめとする十四名もの貴重な同志を殺してしまったのであり、十四名の革命的同志はこのような闘いに前進しながらも、党中央の思想を根本的に批判しきる事ができず、路線闘争に敗北してしまったのであります。

共産主義思想によれば意見の対立が生じれば、一方が他方を抑圧し意見を圧殺することによって対立矛盾を処理するのでなく、それは新しい事態が生じ以前の古い事態の反映としての意識と新しい事態の反映としての意識とが対立しているものと把握し、この新しい事態を調査し科学的に分析する事によって対立矛盾の物質的根拠を解明し、そうする事によって意見の対立を相互に克服しようとします。そうする事によって、新しい事態に対応した正しい理論・思想へと、古い過去の事態に対応した理論・思想を発展させ、深化させる事ができるのであります。つまり党中央の古い思想政治路線は過去の事態に対応した理論であったのであります。それは、六〇年代の学生・青年労働者を中心とした急進民主主義運動の意識への反映としての産物であり、六〇年代の階級諸関係に基づいた革命理論であり、したがって六〇年代当時においてはきわめて革命的先進的なものであり、歴史的にきわめて重要な役割をはたしたのであります。しかしながら七〇年代に入り、特に七一年革命戦争（2・17武器奪取闘争・連続金融機関襲撃闘争↓6・17闘争↓9・16三里塚闘争・連続爆弾（交番爆破）闘争・11・10沖縄暴動・11・14渋谷暴動等々）を通して、そしてより根本的には日本帝国主義の内的矛盾の成熟化を通して六〇年代当時には見出せなかった新しい事態が、階級闘争そのものの質的変化、階級関係の変化として形成されたため、この新しい事態の反映の産物としての僕たちの意見と対立関係を形成しただけでなく、六〇年代当時、最も革命的だった思想・理論は新しい事態に全く対応しえない古い反動的な理論となってしまったのであります。もし森君が共産主義者として謙虚で誠実な、真に科学的な姿勢を堅持しえていたならば、この古い理論に基づいた方針と、新しい僕達さらには十四名の革命的同志の意見の対立を正しく解決するために、下部活動家兵士の意見に耳を傾むけ、新しい事態の調査・分析を行ない、系統的な路線闘争、活発な百花斉放・百家争鳴を組織し、自己の自己否定的飛躍をかちとったでありましょうが、しかしながら森君自身が他の党中央指導者に義理だてをし、古い政治・思想路線を継承しようとしたあまり、教条化し、自己の思想を絶対化したために逆に自から反動化してしまい、対立的な意見や傾向を全て抑圧し、粛清してしまう事になってしまったのであります。僕達が新しい事態に対応した思想・政治路線をかちとるためには党中央の極左的共産主義化に反対し、その小ブルジョア的共産主義思想との闘争をおしすすめつつ、沖縄決戦の準備をしつつ、これを貫徹する事によってのみ可能だったのであります。そうして始めて七三年において明確な形で展開している意識的・組織的な経済闘争および政治闘争としてのプロレタリアの独裁と、その最高形態としての第二次国内革命戦争を指導しえる党体制を構築しえたのであります。

同志美枝子様が死亡したあとは、また同志加藤君が死亡した時のように、「総括しようとしなかったから死んだ」という責任転嫁をする総括を行ない、肉体と精神の統一、死をのりこえる精神力をもった超人の思想が正当化され、全同志に自己犠牲の精神を獲得するための重要性を強調し、こんどは同志美枝子様と同様の傾向をもつ同志、すなわち革命左派の同志大槻さん、同志金子さんが総括要求されるようになり、結局、粛清されたのであります。しかしながらこの同様な傾向とは、結局、党中央の思想・政治路線に反対するが故に、同様の傾向があるに他なりません。このようにして優秀な、党、森君、永田さんではなくて、党にとって、かけがえのない貴重な同志を次々にと殺してしまったのであります。

同志美枝子様は、救援活動というきわめて重要な役割を担い、獄中指導部や獄中同志と外の同盟機関との結合を任務としておりました。それは、僕のような兵士等、党中央の命令・方針に従って単純に活動するものとちがって、不断に理論的諸問題を検討し、大衆の政治工作活動を積極的におしすすめ、宣伝・煽動し、組織する重要な任務を行なっておりました。つまり同志美枝子様は、党に対して忠実だったのであり、赤軍派に対して献身的だったのであり、森君個人に対してあるいは永田さん個人に対して忠実ではなく献身的でなかったのであり、だから殺されたのであります。

僕が、同志美枝子様に最初にあったのは七一年一月でありましたが、僕は東京拘置所から出てきたばかりの下部活動家であり（僕は六九年十月～七〇年十二月まで東拘にいました）、同志美枝子様の指導もうけておりました。しかし、同志美枝子様もやはり森君等の党中枢指導部と同様に兵士をこきつかう悪い傾向、すなわち兵士を私物化する官僚的傾向をもっておりました。しかしそれは指導者自身の資質において誤まりがあったのでなく、党自身の思想・理論そのものに誤まりがあったために、兵士をその時の指導者が私物化するような官僚的指導体制になっていたからに他なりません。僕達兵士はこれにたえる事を強要されていたのであります。したがって、僕にとっては同志美枝子様も森君もどちらも党であり、したがって方針に対しては絶対服従をしなければならない兵士としての立場にあった僕は、どちらを支持しどちらを支持しないという事はありませんでした。このことは坂東君に対しても同様でありました。したがって党は正しい方針を科学的に呈示しないと、とんでもない事になってしまうのであります。方針に対する絶対服従の中でなしえる事はサボタージュでしかなく、断固として反対しえるだけの思想性・政治性がなかった事がつくづくやまれます。

ところでお母様が同志○○の事に関して書いておられましたが、同志○○の子供は僕の子供ではありません。当初はそのように（僕の子供）言われ、党からもそのように言いわたされ、僕も自分の子供と思っていました。しかし実際はそうではなく、事実は党によって歪曲され、陰謀的に隠ぺいしており、僕自身、事実を十二月に聞かされた時、いささか混乱しましたが、そうした事実を歪曲させて僕に報告していた理由はそれなりにあると思いますが、同志美枝子様もこのような事実を歪曲させていた一人であったのであります。もちろんそれは森君の指令によってでありましょうが。この問題に関しては僕自身ふれたくありませんのでこれ以上の事は追求しないようにして下さい。ただ、これによって同志○○をとやかく言うことはあやまりであり、それでは榛名でのような事をくりかえす事になるからであります。この問題は○○同志自身の問題であり、彼女自身によって解決されるでしょう。なぜならこの問題は、党中央の指導の誤まりとして体現した組織矛盾だからであります。しかも今の僕と彼女の関係は、誤まりを犯した人間とそれを弾劾する党員との関係であり決定的なちがいがあります。

　しかし以上明らかにしてきましたように僕達が犯した誤まりはきわめて決定的な事であり、たとえ兵士であったとしても、反対しえなかった思想的・政治的誤まりは重大であり深く自己批判します。お母様が書いておられますように「死に連がる」ような事をして、それをのりこえる事を強要して殺し、死亡するやいなや「総括できなくて死んだ」として正当化し、傲慢にいなおり、さらに暴力をエスカレートさせていくというメチャクチャな事をしてしまいました。心からお詫びいたします。しかし以上明らかにしてきた誤まりが党中央の堅持していた非マルクス主義的ブルジョア思想とこれに基礎をおいた山岳社会革命主義と唯銃唯軍極左路線、及び僕達のこれらを批判しきることのできなかった思想的・政治的誤まり・不十分性に責任がある事は明白でありますが、さらに根本的にはブルジョア権力の集中的な弾圧政策、赤軍壊滅攻撃に責任がある事は明らかであります。このブルジョア権力の不当な弾圧政策にこそ全責任があるのであります。本来憲法によって保証されているはずの思想・信条の自由、政治活動の自由、結社の自由が実際には権力の様々な弾圧によって抑圧され、この弾圧をはねのけるための正当な建軍武装闘争に対して、それが労働者・人民の闘いと結合することを恐れたブルジョア権力が、僕達の闘いと労働者・人民とを分断し僕達の運動を壊滅させようとしたファッショ的弾圧政策に全ての責任があるのであります。というのは第一に現実の矛盾の根本は生産力の圧倒的増大（国民生産の圧倒的増大）と資本主義的生産様式（資本主義的私有財産制に基礎をおく法律）との対立にあり、したがってこの対立矛盾を解決するための運動は正当であり、また憲法によって政治活動の自由として保障されているにもかかわらず、日米帝国主義者、資本家階級は、自己の私利私欲のために、労働者の生産活動における剰余価値を搾取し、ますます強化するために生産手段（土地、設備等々）を自己の手にますます集中させ、独占を強化するために国家権力を使って共産主義運動を弾圧し、労働者人民を抑圧し、ブルジョア・イデオロギーを貫徹している事、第二にブルジョア権力の集中的弾圧に対して党中央はこれをひとりよがりにプロレタリア人民に依拠し共に団結した力で解決しようとせず、独力で突破しようとしたためにブルジョア権力の銃弾にあたっても死ない人間の創出というメチャクチャな誤まりを犯してしまった事、つまりこの集中的弾圧に危機意識をもった党中央は自己の意見に反対する部分はすべて敵のように思えてしまった事等からして、僕達、同志美枝子様を含めた全革命的左翼の共産主義運動を憲法を無視してまで弾圧し、対立矛盾を解決するのではなく、暴力でもって抑圧しようとしたブルジョア権力の反動的反人民的政策・党中央に危機意識をもたせ、反動化させてしまった集中的弾圧政策にこそ一切の根本矛盾があるからであります。今や資本主義的社会の根本矛盾はすでに階級矛盾をとおりこして全人民的な問題になっており、この根本矛盾をすみやかに解決しようとせず、不断に暴力的弾圧政策を強め、あちこちで人殺しをしていて平気でいるブルジョアジー、すなわち日米帝国主義者・資本家階級こそ一切の責任者であり、もし僕達をオニとするならば彼らは我々以上に悪質なオニであります。この悪質なオニを退治しようとして僕自身もオニになってしまいました。これは何度も書いていますようにオニのイデオロギーを徹底して批判しきれていなかったからであり、したがって僕達自身の内にもオニと同様のイデオロギーがあったのであり、それが決定的な段階で暴露されたのであります。

　したがって僕達の誤まりを根本的に解決するためには、ブルジョア権力を打倒しないかぎり不可能なのであります。

　ところでお母様は、僕達にもう革命をやる資格はないと書いておられますが、ではブルジョア権力、まさに僕達が榛名で誤まりを犯していたようなイデオロギーと同じブルジョア・イデオロギーに屈服せよというのならば、それはできません。したがって、のこるものはまさに僕達自身に死刑を課する事であり、「目には目を、歯には歯を」に基づいて、僕達を殺す事しかありません。このような考え自体すでに榛名と同じイデオロギーであり、僕自身認めることはできませんが、しかしお母様をはじめとする遺族のみなさまと僕達との間の対立矛盾は正しく解決されなければならないと思います。いつまでも対立していれば、そしてそれを深めれば深めるほど吸血鬼のように喜ぶのはまさにブルジョア権力であります。革命運動は資格の問題ではなく個々の諸矛盾をどのように解決していくのかという事であります。したがって僕達と御遺族との間の対立矛盾を正しく解決して、階級矛盾、すなわちブルジョアジーとプロレタリアートとの間の基本的非和解的矛盾として止揚し、共に団結して前進できるようにしなければならないと思います。つまり、それはこの十四名の同志粛清という誤まりを我々内部の問題としてその責任問題を明らかにし、相互の対立関係を解決する事であり、これはまさに人民法廷―人民裁判を開こうという問題であります。

すなわちブルジョア権力は、この連赤問題を自からのイデオロギーを貫徹するために徹底的に利用しようとしていますが、僕達はこれを断固として拒否し、人民によってのみ解決できる事を断固として主張しなければならず、したがってここに僕達の公判闘争の基軸がおかれなければならないのであります。ブルジョア権力はけっして遺族の利益を代表しているわけではありません。むしろ遺族の利益を無視してブルジョア階級の利益に基づいて、共産主義運動の弾圧の正当化のために僕達を裁こうとして公判廷へひきずり出し、ちょうど十四名の同志に対して僕達が行なった事と同じ事を、より大規模に、マスコミなどを総動員して儀式として、つまり党中央が自己のイデオロギーを貫徹したようにブルジョアジーのイデオロギーを貫徹するでありましょう。僕達はこのような事に手をかす事は絶対にできませんし、遺族の存在・意見を無視し、プロレタリア人民から隔離し、僕達の意見・見解を無視した法廷を認める事はできませんし、このような儀式に手を貸し、このような法定を認める事は、十四名の同志を殺害した事以上に悪質な誤まりであります。この連赤問題を正しく解決するため人民、ただ人民によってのみ解決できるのであり、全人民に公開された問題を科学的に分析し明らかにしえる人民法廷によってのみ、解決できるのであります。また遺族の意見・要求が正しく反映されるのもまさに人民法廷であり、これによって責任を明らかにすると同時に今回の誤まり、すなわち十四名の同志粛清という誤まりを指導部に犯させたブルジョアジー、すなわち日米帝国主義者、資本家階級の集中的弾圧を断固としてきゅう弾していかなければならないと思います。遺族を原告とした、連赤兵士を被告とした、そして全プロレタリア人民、赤軍派、革命左派によって構成される人民法廷において真実を明らかにする事、これこそ連赤問題の根本的解決であり、このような法廷においてならば、僕達はいくらでも謝罪するでありましょう。しかしブルジョア法廷においては一口も謝罪するつもりはなく、また責任回避もせず、自己弁護もせず、ブルジョア権力の反動性、反歴史性、反人民性、反民主主義性を徹底的に暴露し、きゅう弾していくしかありません。戦線逃亡し、権力に命ごいをしている部分も、この人民法廷において責任を明確にしていかなければならないと思います。そして僕は、このような真に遺族の利益に基づいた判決ならば、たとえ死刑でも服するでありましょうが、ブルジョア法廷における判決に対してはどのようなものであれ、その不当性に基づいて断固批判し屈服しないつもりであります。以上人民法廷の問題を検討してみて下さい。御意見まちます。またこの問題を公判対策委に積極的に働きかけて下さい。お願いいたします。

以上長々と書いてまいりましたが、まだ事実問題を全面的に明らかにしえておりません。同志重信さんとの問題や、党中枢指導部である同志塩見、同志高原との問題等々、僕にはよくわからない社学同時代の問題等々があり、あるいは権力との関係上明らかにしえない問題もあり、さらにはPFLPの問題もあり、実に多種にわたっております。しかしこれらはすべて同志美枝子様の活動がいかに重要であったか、いかに多岐にわたっていたかを示すものであり、そのようなきわめて貴重な同志を、自己の理論、非現実的な理論の正当化のために自己自身の手で殺してしまった事は、くやんでもくやみきれず、また心底申しわけなく思っています。僕みたいな、どうでもいいような全く無能の兵士しか生き残らなかった事は、お母様にとってまことにくやしい事でありましょう。つまり有能であり、きわめて重要な活動をしていたからこそ党中央に反対したのであり、それを僕達は反党行為とかんちがいをして殺してしまったのであります。深くおわびいたします。これからも事実問題を積極的に明らかにし、人民法廷の創出に全力をあげていきたいと思います。僕の手紙で欠如している点、自己批判しきれていない点、御不満な点をどしどし出し、僕達を徹底的に批判して下さい。

僕自身これから全遺族にどんどん手紙を出し、人民法廷の創出をよびかけていきたいと思います。そして十四名の革命的同志の名誉を事実の正しい呈示でもって回復させていきたいと思います。

最後にお手紙がおくれてしまった理由を明らかにしておきたいと思います。というのはお母様にとって大切な同志美枝子様を殺しておいて、単に「申し訳なかった」とか、「おゆるし下さい」「おわびいたします」ではまったく自己批判にはならず、それでは同志美枝子様の闘いをぶじょくし、遺族をぶじょくする事になってしまうからであります。科学的な方法・観点・立場に基づいて、事物の根本的な弁証法的な運動に基づいて誤まりを全面的に明らかにし、事実を正しく呈示し、同志美枝子様の真の共産主義者としての闘いを正しく報告する事、これこそがまさに謝罪文になるのであり、そのためには、少々ひなんされてもたえなければならないと思ったからであります。僕達にとって沈黙してしまう事、あの連赤問題を含めて階級闘争、共産主義運動を忘れてしまう事、これほど楽な事はありません。しかしそれでは自己の存在は無になるだけでなく、十四名の革命的な同志はうかばれません。同志美枝子様をはじめとする十四名の同志の闘いを正しくうけつぎ、発展させる事、これ以外には僕の生きる道はありません。僕の生とは共産主義運動の中のほんの小さな細流の一つの人格的表現でしかありませんが、最後までがんばりたいと思います。ではどうかお体を大切にして、お元気でがんばって下さい。（乱筆乱文おゆるし下さい）（同志美枝子様のお母様に対する発言次の時に書きます）

遠山幸子様へ

一九七三年六月三十日

植垣康博

人間的にも未熟な者が暴力をふるうとどんな残酷な事になるか。死も当然のことになります。

暴力は絶対許せません。生命の尊重　この言葉をよく覚えてほしいのです。この様なこと二度とくり返してはならないことなのです。

遠山幸子

前橋地裁水野裁判長談

一九七三（昭和四八）年十二月七日「上毛新聞」掲載

前沢の公判後

一連の連合赤軍公判を終えた水野裁判長は重大事件だっただけにホットした表情で感想を語った。

この裁判で五人の被告がまじめで純粋なのを痛感した。生命をかけて貧しい人々の解放を望む気持には深く心をうたれた。今でもこのリンチ殺人事件は革命運動のざ折と警察に追われる緊迫感の中で生れた副産物にすぎないと思っている。ただ自分たちが武装蜂起すれば革新勢力があとからついてくると考えた彼等の考えの甘さ幼稚さは裁判を終えた今でも理解できない。その意味でできれば永田や森などの幹部クラスの主張を聞いて、五人の被告をひきつけ盲従させた力は何であったか解明したかった。

しかしあの純粋な若者たちがこれからどうやって生きて行くのかということの方が気がかりである。

II

「供養文」拾遺

困難だった私は、いわゆる日本の現在の赤軍派と別個に、赤軍
想を発展させるつもりだということを書きました。来る時
現在に至るまで、党からは、どんなに私が戦略的に困っても、
援助もなかったので、どうなっているのか、美枝子に活動の
子を知らせてほしいと書いたのです。その他は、別に、こちらの
の様子を書いただけで、それが、きっかけになっているのかという
は、私には判りません。先日、関西の友人から、受けとった手紙
大阪に、十二月に美枝子が来て、強硬派と[illegible]意見を言う
ということを[illegible]したが、真実は、判りません。ここに来る
以来、みえこからも、二、三回手紙が来ただけで、連合赤軍
一切来ないので、10月以降は、なんの事情も判りませんが、私
持続させ、自分の持場で、精一杯やろうと思っています
ても、上原君も、どういうか知りませんが、彼等の悲しみ
く辛いことだと思います。外に居て、日本の情況と、はっきり
ないし、私としては、どんなこちらからの対話も、リアリティーを持
いだろうし、違うもっと困難でを含む場所から、一面的に
することは、今は、なにも生まれないだろうと、自分の立場を、わか
んつやりつづけていこうと思っています。
僕に、みえこからまた手紙を、おばさんに返しますので、彼女の
念を、よろしくやって下さい。ちひや、和子、高木君にも、たら
しく伝えて下さい。美枝子の墓に、彼女の好きだった
持って行く日が、あるかもしれません。空っぽの言葉にしか聞
ないかもしれないけれど、どうぞ、元気で生きつづけて下さい。
五月二十二日。
重信房子

高原浩之から亡き遠山美枝子へ

一九七二（昭和四七）年三月十五日　東京拘置所から

美枝子へ

この手紙で、当分、天国と地上にわかれわかれです。きみが先に行ってしまいました。さみしいと思いますが、待ってて下さい。僕も後から必ず行きます。それまで、傷をなおして、体に気をつけて、元気で待ってて下さい。

無念だったと思います。僕は、やはり、きみを殺した人たちをにくみます。きみは、それではいけないと言うかも知れないけど、やはり、そうせずにはおれません。でも、心配しないで下さい。この問題については、どんなことがあっても、敵権力に利用されたり、介入されたりすることなく、敵の全ての策謀はことごとく粉砕し、必ず、味方の内部で、人民の中で、解決します。必ず、味方の中で、党の中で、人間と人間との、同志と同志との団結と信頼を固めて前進します。革命戦争のことは、人民解放の事業は、必ず、成しとげます。赤軍派は絶対につぶしません。必ず、絶対に勝利します。そして、僕も、きみの分まで含めて、赤軍兵士として立派にたたかい、生き、死んでいきます。それまで、先に行ってまってて下さい。きみと一緒に行った人たちと必ず団結し、僕たちのたたかいをじっと見ていて下さい。今度のことについては、今、ここで、僕の意見は書きません。僕の個人的な感情を先走らせてはいけないからです。そんなことをすれば、きっときみはおこると思います。だから、社長やQ〔社長は赤軍派議長・塩見孝也、Qは上原敦男〕やその他の同志たち、特に、きみと一緒に赤軍派をつくった同志たちと討論して、必ず、立派に解決し、赤軍派と革命戦争を必ず勝利させ、必ず人民を解放します。もう、社長やQから電報やはがきをもらいました。二人とも、きみのことを泣いています。そして、僕に頑張れといってます。だから頑張ります。安心して下さい。

　ここでは、きみの最後の手紙への返事を書いておきます。でも、今ここで、きみの最後の手紙をもう一度読みかえすことは、とてもおそろしくてできません。きみの写真ももってるし、手紙も、全て保管してあるのですが、僕は、今、それを見るのがとてもこわいのです。多分、それを見たら、僕はとても、正常な気持をもっていることができず、気が狂ってしまうでしょう。だから、今は、絶対に見ないことにしています。だから、この最後の手紙も、よみかえさないで、今、おぼえているはんいで返事を書きます。それで許して下さい。

　何故、結婚したのかではなく（＝男と女だから結婚したのです。それ以外に意味はない。自然なことです）如何に結婚するのかを考えましょう。きみが言ってるように、きみは、女として出来る限りのことをして、その中で、僕との関係を考えればいいのです。男として、女として、お互いが如何に生きるかです。そして、僕たちの結婚は、お互いに赤軍兵士として、赤軍男性兵士として、そして、赤軍女性兵士として、生きる、そして死ぬということだったのです。それに従って、きみは女性兵士となり、とうとう、今度のようになってしまった。この全ての責任は僕にあります。きみが赤軍兵士として生きることを僕がおさえていた。そのために、赤軍兵士になるのが二年も遅れてしまい、僕や、社長やQや、その他きみと一緒に赤軍派をつくった、楽しみも、苦しみも共にしてきた。気心のあった同志たちと一緒にたたかうことができず、お互いに、あまり気心を知り合っていない同志たちと一緒にたたかうことになってしまいました。今度のことは、これだけではないと思いますが、きみをおさえつけ、苦労を共にした同志たちと一緒にたたかえなくしたことが何よりもの心残りです。許して下さい。だから、僕は、きみが赤軍兵士としてたたかうのを二年間もおさえていたことを、きみにだけではなく、社長やQやその他、きみと苦労を共にしてきた同志たちへも自己批判し、僕だけではなく、社長やQたちも、きみのことをいつもいつも考え、思い出しながら、たたかっていけるようにします。僕の心の中だけではなく、他の人たちの心にも、いつもきみがいるようにします。そうすれば、きみは、気心を知り合っている同志たちと一緒にたたかっていける訳です。それで許して下さい。

もう一つ、謝っておきたいことがあります。それは、きみを殺したのは僕だということです。赤軍派の最高の指導者は、僕や社長です。その僕が、何も指導することができず、むざむざ逮捕されてしまったのが一番悪いのです。だから、赤軍派が今回のような事態になってしまった責任は、森同志（＝やはり同志と呼びます）よりも、僕にあるのです。そして、更に言えることは、僕が逮捕されずに、外で、赤軍派を指導していた場合、今回のような事態を回避できたかどうかは分らないと思うのです。僕が、きみを殺すことはないでしょう。しかし、僕は、森同志と同じ立場に立った場合、もしかすると同じように他の同志たちを殺したかも知れないと思っているのです。だから、そういう意味で、きみを殺したのは僕だと思います。一番大切なことは、人間と人間との信頼なのです。革命戦争は、ゲリラ戦争は、はじめのうちはとても苦しいことなのです。そういう困難を克服していくのは同志と同志との団結です。親子の愛、男女の愛、兄弟の愛にも劣らない同志愛なのです。これは、言葉で言うよりも、本当に身をもって示さなくてはいけないことです。この世で一番大切なのは、人間なのです。でも、僕は、きみが赤軍兵士として生きるのを二年間もおさえつけていたし、きみにありと全ゆる差別と抑圧を加えていたし、豊かな人間性をもってなかったのです。だから、僕は、もしも、森同志と同じ立場に立った場合、同じように同志たちを殺したかも知れないと思っているのです。困難な状況を、人間と人間との信頼、同志間の団結と愛をつよめながら、乗りきっていくことが多分できなかったと思っているのです。だから、きみを殺したのは僕です。このことできみにいくら謝っても、きみは許してくれないと思います。だから僕は、今後、僕がきみを殺したのだということを、絶対にごまかすことなく、いつもいつも心に深くとめつつ、常に人間と人間との信頼をつよめ、同志と同志との団結と愛をつよめ、たたかいの中で、一番、苦労の多い、犠牲の多い、困難な場所を受けもち、敵との戦闘の中で、他の同志たちをかばいながら、死んでいこうと思います。ただ、立派にたたかい、立派に死ぬことのみをいつもいつも考えている立派な赤軍兵士になります。きっと立派に死にます。それで、許して下さい。きみを愛したように、同志を愛し、人民を愛して、これからはやっていきます。無駄な死に方はしません。必ず立派に死にます。そして、きみの所へいったら、今度のことで、きみに、心から自己批判します。それまで待ってて下さい。

きみに謝まり、自己批判しなくてはいけないことがたくさんあります。でも今は、整理できないので書きません。今後、いろいろ問題が出てきたら、お母さんに手紙を書いて、お母さんを通じて謝まるか、または、社長やQたちに自己批判し、彼らの心のなかに生きているきみに自己批判します。僕が立派な赤軍兵士になるためには、きみに、謝まり、自己批判していかなくてはならないのだから、そうします。だから、ここで全ての問題を書けないことは許して下さい。

さて、きみは、お母さんのように、女として強く生きたいと言ってました。僕は男だから、そっくりお母さんを模範にする訳にはいきません。しかし、お母さんがきみたちを愛し、娘三人を育てるために強くたたかってこられたことはみならい、人民を愛し、人民を育てるために、お母さんに負けずに強くたたかっていきます。いろいろのことをお母さんから学ぼうと思ってます。お母さんから学ぶということは、きみから学ぶことなのです。きみは、いってしまったが、まだ、お母さんといつでも話せるので、さみしくないです。

これから、きみは、毎日、横浜と広島との二ヶ所をながめてくらすのです。広島のことを少し紹介しておきます。知ってのとうり農村です。僕は、そこで育ったのです。農作業も肉体労働もしたのです。きみが革命運動に参加したのは、二年間の会社勤めを大きな契機にしていたように、僕も農作業をしたことがあるのが大きな契機となってるのです。労働とは尊いものです。でも僕は、労働の中でつくり出した純朴な人間性を、途中で失ってしまったのです。労働しないで、遊んでいても食っていけるようにと受験勉強し、京大に入学したためです。だから、僕は、革命運動の初期には、何の人間性ももたない、冷い人間だったのです。そういう僕に、子供のころ農作業の労働の中で身についた純朴な人間性を、とりもどし、復活させてくれたのは、きみだったのです。僕は、きみによって育てられたのです。きみが、僕を、豊かな人間性をもった赤軍兵士にしてくれたのです。ともかく、きみが、これからくらす土地は、僕にとって、そういう思い出をもった土地です。僕が、そこで、どう育ったかは、おやじとおふくろにきいて下さい。それと、もう一つ、きみは、この農村で、農民たちがたたかい、自己を解放していくのを見るでしょう。日本の農村は、三里塚のように、これから大きく変っていきます。素朴な農民たちが、強く強くたたかい、解放をなしとげ、革命に勝利していくのを見るのは、都市に育ったきみには、いい勉強になると思います。それに、僕も、農民の子なのです。僕の体には、百姓の血が流れているのです。だから、農民たちのたたかいは、僕のたたかいでもあるのです。しっかり見てて下さい。

あと少ししか余裕がありません。残りに何を書くかは、今夜、ねながら考えます。でも多分、たくさん書き残すでしょう。書けなかった分は、今後、お母さんに語りかけ、僕の心のなかのきみに語り、社長やQのなかにいるきみに書きます。だから、書き残しがあっても許して下さい。では、今夜は、おやすみ。寒かったのだから暖いふとんで、ゆっくりやすんで下さい。　３／14、夜。

きみの葬儀を同志たちの手でおこなうことができないのが残念です。でも、人民葬でないなどと言わないで下さい。家族のものこそ人民なのです。家族の人たちこそ、きみが人民解放の事業の中でたおれ、人民解放の事業をやりとげることが、きみに対する最大の手向けなのだということを最もよく理解している人たちなのです。でも、きみの葬儀は、そして、一緒に殺されていった他の十一人の人たちの葬儀は、必ず、後日、同志の手によってなします。それは、今度の問題を、敵権力につけ入られることなく、味方の人民の内部で立派に解決した証しになるでしょう。だから、軽々しく、直ちに行なうことはできません。それではきみたち十二人のことをあまりにも軽薄に考えることになるからです。この問題は、本当に本当に深刻なことです。それで、同志たちの手によって、きみたちの葬儀を取り行なうのには、時間がかかります。一年後、二年後、そして、何年後になるかも知れません。しかし、必ず、なしとげます。そして、それをなしとげたら、我々、赤軍派は、また不滅の前進を行なっていくでしょう。それまで、まってて下さい。

いろいろ書いてきましたが、まだ書きたりない。そして、ここに書いたことについて、きみは、必ずしも賛成できないかも知れません。まして、最後のとき、きみが、考えていたことの全てを理解することなど、今の僕にはとてもできません。書き残したことや、ここに書いたことの間違いの撤回と訂正やについては、今後、お母さんに話したり、社長やQやに話したり、僕自身に語りかけたりします。そうすれば、きっときみに伝わると思います。また、最後のとき、きみが考えていたことの全て、それは、赤軍兵士の思想の全てですが、それを僕が理解するのは一生の仕事です。僕が赤軍兵士としてたたかい、生き、そして、死んでいくとき、その最後のときには、きっと、きみの考えていたこと全てが理解できると思います。何故なら、きみは立派な赤軍兵士だったし、僕も最後のときがきたら、そのときは、立派な赤軍兵士だからです。僕は、必ず、そういう死に方をし、きみの考えていたことを必ず、全て知るつもりです。今、すぐ、知ることができないのは、許して下さい。

では、これで終ります。きみが先に行ってしまったが、僕も必ず、後から行きます。さみしいとは思うけど、まってて下さい。傷は、きちんと直して、体に気をつけて、元気で頑張って下さい。
では、ひとまず、さようなら。

１９７２・３・15、朝　浩之

高原浩之から亡き遠山美枝子へ

一九七二（昭和四七）年四月二十三日　東京拘置所より

美枝子もう一度だけ、さよならを言わせてもらいます。あの手紙は君の手もとにわたってたと、お母さんからききました。読んでくれましたか。きっと読んでくれたと思います。だから、僕にさよならを言ってくれたと思います。いや読んでいなくても、さよならを言ってくれたと思います。なんで、こんなことになってしまったのでしょうか。僕はこんな悲しい思いをして、これからずっと生きていかなくてはならないなんてとてもつらいです。一緒にいきたかった。一緒にいけなくても僕の方が先に行ってしまいたかった。でも心配しないで下さい。僕はいきています。君に許してくれ、許してくれと言いながら、生きていきます。許してくれなくてもいいです。そう言いながら、僕は生きています。君が何故殺されたのか。どのようにして殺されたのか。だんだん分ってきました。何を考えながら君が死んでいったのかも、考えます。すぐには分らないと思います。でも僕は、それを一生考えつづけるつもりです。僕が君の所にいった時、今度、また会えるとき、その時は全てが分かるようになってると思います。

無念です。無念だったと思います。きみはあれもこれも考え、まだ生きててやりたいことが、いっぱいあったはずです。革命のことも、お母さんのことも、姉さんや妹のことも、僕のことも。その他にもいっぱい。きみはまだ二十五才だったのだから、やり残したことがいっぱいあった。僕に君のやり残したことができるかどうかわからないけど、できる限り、君にかわってやるつもりです。僕は精いっぱい、長く長く、できるだけ長く生きます。君の分までも。そして、君の所に最後にいった時、何をしてきたか、全て報告します。たのしみにしてて下さい。

君は、お母さんの中に生きています。だから、僕は君のかわりに、お母さんを大切にします。お母さんの言われることは君の言うことです。勿論僕は君のいいなりにならなかったから、お母さんのいいなりにはならない。でも君の言うことは、必ずきき、結局そのとうりにしたように、お母さんの言われることは、必ずきき、結局、その通りにすると思います。ともかく、君はお母さんの中に生きている。だから僕はどんなことがあっても、お母さんと一緒に生きて、くらしていきます。

もう書けない。書いてもきりがないし、涙が出てきて止まらない。一枚だけで許してほしい。もう一通出す気なら、あと七枚かけるけど、もうやめます。

さようなら。でも僕のことは必ず見てて下さい。僕の生き方は君の生き方です。必ず見てて下さい。では、さようなら。今度、また会えたなら、静かにくらしたい。きっと、そうしよう。ではさようなら、さようなら

4／23　1972　浩之

上原敦男から遠山幸子へ

一九七二(昭和四七)年十月五日　東京拘置所から

前略　朝夕は肌寒いくらいで監獄の中庭でもコオロギが鳴いています。僕が獄中で経験する四度目の秋です。

今日まで手紙を出さなかったことをお許し下さい。何度も何度も書きかけたのですが、いつも途中で言葉につまり、ペンが止まってしまいます。今日はどうしてもこの手紙を最後まで書き上げるつもりです。

おばさんの僕達に対する怒りや批判は岸本さんからの手紙で知らされています。僕は、おばさんの怒りや批判を全て率直に受け入れ、それに精一杯こたえようとしています。しかし、今の僕は独房の中にとじ込められ、孤立しており、僕にできることにはどうしても限界があることは分って下さい。独房の中で僕のできること、そして今やっていることは、美枝子さんを追悼し、彼女のことを片時も忘れないことです。僕の手元に一通の手紙があります。去年の八月三日に彼女がくれたものです。拘置所の規則で部屋の中には手紙は十通しかとっておけないのですが、この手紙だけはいつも残しておくようにして、時々読み返しています。独房の中では彼女を追悼するといっても線香を立てることも花を供えることもできないのです。

次に独房の中でできることは、何故美枝子さんが殺されねばならなかったのか、何の理由で誰が彼女に手を下したのか、を明らかにし、彼女がどんなに無念で、何を言おうとしていたかをできるだけ明らかにし、彼女の遺志を僕達が受け継ぐことです。このことも独房の中では多くの制限があります。独房の中の毎日の情報源は、ＮＨＫの夜七時のニュースと読売新聞だけです。【一行墨塗り】岸本さん達ができるだけ資料を届けてくれていますが、独房の中で知ることのできることは、おそらく外の人の何十分の一かになってしまいます。乏しい情報や資料を分析して、今の僕にほぼ間違いなく言えることは、美枝子さんは決して裏切り者や脱落者だったから殺されたのではなく、革命の正しい方向を主張し、誤っている指導部を批判したがゆえに卑劣な指導部にささいな口実を押しつけられて殺されたということです。今、いろんな諸君が「連合赤軍の総括」なるものを書いていますが、その多くが、「敗北や誤り」を単に評論するだけで、十四人の同志が、何故殺されねばならなかったのか、誰が何の理由で手を下したのかということを解明しようとしないのは腹立たしいことです。

革命の根本の精神はヒューマニズムであり、人間に対するやさしさです。そうであるがゆえに侵略や抑圧に抵抗し、貧困や差別と闘おうとするのです。革命は少数の人間の願望や決意によってのみ闘われるものでなく、多くの圧倒的多数の人々の共同の事業なのです。そうであるからこそ中国革命は成功したのであり、ヴェトナムの小さな国の人々が世界最大の軍事力を持つアメリカ帝国主義に打ち勝っているのです。つまり革命の精神であるヒューマニズムと、人間に対するやさしさがあるがゆえに、侵略や抑圧と闘おうとし、多くの人々を団結させることができ、その結果としていかなる困難をも克服して革命は勝利することができるのです。「連合赤軍」の指導部がこの革命の精神を失ってしまっていたのははっきりしています。それは少数の人間の主観的決意といくつかの鉄砲だけで、革命の突破口を切り開こうとしていたことに明らかです。過去の赤軍派は誕生以来、かなり冒険主義的な非常識とも言える闘いをやり失敗してきたが、少くとも常にいかにして多くの人々と結合するかという問題を無視したことはありません。ところが、「連合赤軍」の指導部は、冬の山岳地帯に結集したことに明らかなように、数挺の鉄砲にたより、下部の諸君の犠牲によって自分たちの頭の中で革命戦争を夢想していたのです。このデタラメな指導部に美枝子さんが反対したことは確実だと思います。その理由は、彼女は明大で学生運動をやっていた頃から、常に自分の主観だけで利己的にふるまうのではなく、多くの学生達の意志を尊重し、多くの人が何を希望し、何を要求しているかということに人一倍気を使う活動家だったことです。だから彼女は僕達の間ではもとより反対派の諸君にも不思議な人気があったものです。この彼女の一貫して持ち続けていた正しい思想が、誤った方針をとる指導部と対立することになったと思います。彼女は「連合赤軍」の指導部の誤りを鋭く批判したと思います。彼女は、自分が困難な闘いの先頭に立つことをいとわない勇気の持ち主でした。（もう古い話になりますが六九年の一月の東大安田講堂の決戦の時、自分も残って闘うというのを帰って明大の方のことをやってくれと説得するのに苦労したことがあります。）同時に革命の精神であるヒューマニズム、人間に対するやさしさということを本当に理解していた人です。今から思えば、その彼女の生来のやさしさが彼女の死を招いたことになるのです。僕は、外でのいろいろな理論的な対立については資料がないので詳しいことは分りませんが、はっきりしているのは美枝子さんが革命の精神であるヒューマニズムと人間に対するやさしさを持ち、そうであるがゆえに少数の人間のみによる冒険主義的、玉砕主義的な方針をとる指導を批判し、多くの人との結合を主張したのに対して、革命の精神であるヒューマニズムと人間に対するやさしさということを理解せず、誤った方針で犠牲を下部に押しつけようとした指導部によって卑劣な手段で殺されたということです。

ここで僕自身の美枝子さんに対する、又、おばさんや多くの遺族の方々に対する謝罪と自己批判を書かねばならない。それはたとえ獄中にいたとはいえ、外の指導部の誤った傾向と必死になって闘わなかったことであり、もう一つは、僕達赤軍派の中から同志を殺すような指導部を生み出してしまったことです。この連帯責任はまぬがれないと考えています。美枝子さんが帰って来てくれるなら、おばさんの怒りがとけるなら、どんなことでもしたいというのが僕の今の気持です。

分離公判組の裁判が始まり、今年中には、森、永田らの統一公判組の裁判も始まるそうです。僕は彼らには、今は怒りしか持っていないのですが、公判が始まる前に彼らに手紙を出して、法廷で、あれこれの革命論なるものを語るより前に、死者を追悼し、心から謝罪し、遺族の皆さんに手をついて謝罪することから始めるよう要求するつもりです。もし、そうでなくて革命家ヅラをして公判に出てくるようだったら、僕達自身が全力を上げて彼らを社会的にも政治的にも抹殺するつもりです。統一公判組の者が死者の名誉を回復するために公判闘争を闘ってくれるように彼らを説得するつもりです。

ところで僕のH・J公判の「陳述書」が岸本さんから届けられたと思いますが、それには「連合赤軍」については何も書けなかったので書いていません。中途半端な口先だけのことは書くまいと思っていたからです。しかし法廷では僕は美枝子さんをはじめ十四人の追悼の意を明らかにし、謝罪と自己批判を当時としては精一杯のことを発言しているのです。この公判は「連合赤軍」の事件のすぐあとの公判で、おばさんが傍聴に来てくれて閉廷後、僕達を鋭く批判してくれた公判の前の公判だったのです。だから、どうか、僕が口をつぐんで知らん振りをしているなどと思わないで下さい。

おばさんが高原君の「遺族の皆様へ」という文章に対して批判的だということを聞いています。たしかにあの文章は不十分なもので、表現のまずさが高原君の真意を伝え切れていないと思います。

しかし高原君は、孤立した独房の中で悲しみに耐え、必死になって外の諸君の死んだ同志達を冒瀆する傾向と闘っているのです。彼が最も苦悩したと思います。僕は自分がもし彼と同じ立場になった時に、その苦しさに打ち勝てるかどうか自信がありません。彼はそれに打ち勝ってきているのです。どうか彼が独房の中で孤立していることを理解し、彼の味方であり続けて下さい。お願いします。

僕は「ことば」だけでおばさんの怒りがとけるとは思っていません。しかし今は行為によって自分の気持を表現することはできないのです。今後どんなに長くかかっても、僕はおばさんの怒りをといてもらえるように努力するつもりです。しかしどんなにがんばっても、美枝子さんは帰ってこないのだと思うと体の力が抜けてしまう思いがします。

僕は今度出獄したら、まず労働者になって働くつもりでいます。僕達は、本当に革命を必要としている労働者下層人民のことなど何も知らなかったのです。だから気分に左右され、決意だけに依拠した一人よがりの革命家にすぎなかったのです。額に汗し手に豆をつくって労働者とともに働かないかぎり革命家になる資格などはないのです。

今度の投獄はもう二年四ヶ月にもなるのですが、裁判所と検察官はいろいろナンクセをつけてなかなか釈放しそうにありません。しかし外の諸君が保釈をかちとる運動を精力的にやってくれることになったので、もしかすれば来年の春頃には出られるかもしれない（全く不確かですが）。僕はなんとしても来年の三月までには出獄したいと思っています。美枝子さんの一周忌には必ず出席したい。そして自分の手で線香を立て、花を供えて、彼女のお墓にビールをかけてやって、彼女に手をついてあやまり、そのあとで、多くのことを彼女に話してやりたいと思っています。おばさんの叱言と苦言はそのあとで神妙に聞きますから、僕が行くことを許可して下さい。

今の僕にできることなら何でもしますから、言って下さい。この手紙もうまく僕の気持を書くことができなかったので、又してもおばさんに怒られてしまうかと心配しています。しかし僕としてはビシビシと批判してくれた方がありがたいのです。五月の公判の時に傍聴席からおばさんにピシリと言われたことばは、立ちすくんでしまうほどに恐しかったが、今も肝に銘じております。とりとめのないことを粗雑に書きましたが、枚数の制限が七枚なのでもう止めます。僕は獄中生活には少しもへこたれず元気でいます。出獄したら必ず横浜へたずねていきます。和子さん、千津さんによろしく伝えて下さい。そしておばさんも元気でいて下さい。乱雑な手紙になってしまい申し訳ありません。さようなら。

上原

10／5

吉野雅邦から遠山幸子へ

一九七四（昭和四九）年十月十九日　東京拘置所から

今月五日にお会いしてから、すぐに私の現在の考えや当時の経過をつぶさにお伝えしなければと思い、書き始めていました。しかし、いざペンをとると、何とかうまくまとめて書かねば、という意識が先立って、何枚もの下書きを反古にしてばかりで、お手紙出すのが伸び伸びになっていたところ、遠山さんからのお葉書うけとりました。遺族の方へ出す手紙としては、おそらく常識はずれの失礼なものとなるかもしれないし、また、怒りや憤りを新たにされることもあるかもしれないけれど、私自身が、今あるあるがままの姿、考えをそのままお伝えするしかないと思い、下書きをかいたりまとめたりせずにありのまま書きつらねていこうと思いペンをとりました。

　私が生きているということ、しかも、その私の現在の生が直接遺族の方の手の届かぬところにあるということ、しかし、美枝子さんはじめ十四人の人は生きておらずまた生き返ってこないこと、そのことが遺族の方に与えるどうしようもないほどの怒りとそれを通りこした虚しいほどの悲憤について、おそらく今私が精一杯考えてもとうてい本当のところを理解することは出来ないだろうと思います。

今更私が何を言ったところで、それはすべて言い訳、弁解になるかもしれない、しかし、又、何をも語らねばそれもまたおそらく決して遺族の方の求めるところでもないと思うと、自分でもどうしてよいかわからなくなってしまい、五日の時は、あんな態度になってしまいました。

一体何が、本当の償いになり、どうすれば、すくなくともいくらかでも遺族の方の納得されるものとなるのかについて、私もずーっと考え続けてきました、しかし、五日の時はじめて、何より、重要なことは、私が遺族の方の手の届かぬところで、しかも私の方から自発的に遺族の方の前へ進み出ていくことをしてこなかった（出来なかったのですが）ことが、何よりまず一番の問題だったことに、はじめて気づいた次第です。

私も十四人の生と死について、又、私自身の生と死について、逮捕されてからずっと考え続けてきました。面会の際、もう三年近くにもなり当時のこと忘れかけているのでは……とおっしゃいました。しかし、私にとって忘れようとしても忘れられることではなく、妙に思われるかもしれませんが、私自身が現在生きていることを思えば思うほど、逆に、一層鮮明にそして筋道だって、当時のことを考えることが出来ている、と思えます。逮捕された当時は、十四人に対する行動は、まだ正しいと信じていた。しかし、それが誤りと思いはじめてからは、ただただ心情的に十四人にすまない、という思いの中で、後悔という形でしか考えることは出来ませんでした。しかし、ようやく最近になって、当時何故ああしたことが正しいことだと思っていたのか、それはどこがどのように誤っていたからなのか、少しはわかってきたと自分では思っています。

取調べを受けている頃、七二年の五月頃、堀江さんのお母さんと墓前でお会いした際、「あなたは生きていてよいわね」と言われた時、本当に何故自分は今の今まで生きているのか、と思いました。あさま山荘で最後の一瞬まで投降せずに抵抗していれば殺されていたはずなのにとか、その後も、逮捕警官のピストルを奪って抵抗すれば…とも思ったりしました。しかし、それから森君の自殺を経て、私が自分が生きている、ということについて、今改めて考える時、結局やはりどう生きるのかしか問題にならないのだと思えるのです。

私の死が、本当にいくらかの償いになり、遺族の方のいくらかの慰めになるのであれば、私は何も裁判の進行・結果をまたず、自ら死を選ぶことが出来ると思います。森君の自殺のあった数ヶ月のちに、東京拘置所に自殺防止のための特殊房が作られ、以降現在も私はそこに入れられていますが、本当に死ぬ気になれば決して出来ないことはないからです。しかし、この自殺が、私には決して本当のところ、遺族の方を納得せしめるものでなく、むしろ、手の届かぬ生を自ら断つということで、結局その傲慢さを免れぬ行為だと私には思えます。

実際、森君は、逮捕されて数ヶ月後の心境として、自分の知っていることなど事実を書き残したらもう生きている必要はない、と思っていたと述べていたのですが、彼には、苦しみや混乱から逃げ出さずに、それをしかとうけとめつつ、もっともっと当時彼が考え思い続けて、しかし私などには通じていなかったこと（それがあることは間違いないのです）を語り続けていく義務があったと今、私には思えるのです。

彼の自殺を知ったある友人は、当時、人間みんな苦しみ悲しみを背負ってそれでもなおかつ一生懸命生き続けているのじゃないか、簡単にああやって、生を断つことが出来るくらいなら誰だって苦労しやしない、と言い、苛立たしい限りだ、と述べていたのですが、今、私自身が、これから永く遺族の方すべての怒りと悲しみ憤りを真正面から受けとめ続けていこうと思う時、そのことをやはり強く感じるのです。

先日新聞で最愛の息子を交通事故で奪われた父親が、過失のあったらしい加害者を霊前で刺し、自分も自殺をはかったという記事があり、どうしようもなく行為した父親のことを、一日中考えていました。愛する者を奪われた遺族の方は誰でも本当にこのような気持だろうと思えます。

でも、なおそのことを考えれば考えるほど、このお父さんが、その行為ののち自殺という手段を用意しての行動であったことに、一層深い複雑なものを感じないわけにいきませんでした。

五日の面会の際、同じようにして殺してやりたいと言われ、人民裁判してやるから出てこいと言われた時、本当にそう出来たらと思いました。でも、考えてみると、単にそれが物理的に無理ということ以上に、本当に、そうしても、やはり、それでもなお本当に納得のいく気がすむものでないだろうことを考えると、ふと考えた遺族の方からの直接の刑を受けるための脱獄ということも消しとんでしまいました。

これも新聞にのっていたことですが、刑事事件の被害者の補償ということが現在の日本では全くといってよいほど行なわれていないという記事が出ていました。加害者の方が、刑事責任を問われて服役したとしてもほとんどの場合、その被害そのものが、（経済的なものにしろ、精神的なものにしろ）弁償、補償されることがないので、国が必要な制度を設けるべきでないかといった主旨のものであったと思います。

私が、考え続けてきたことの一つに、本当に償いというものは何なのか、ということがあります。人を傷つけた場合、その傷は、たしかに機能そのものを失う場合でない限り、治る、復元されることが可能である場合があります。で、多くの場合その治療費と慰謝料というのが、刑事罰（服役とかの）以外の直接的な補償として行なわれるのですが、それとても一定期間、傷ついた身体で不自由をこうむったこと自体の、そのままの償いというものは、どうやっても取り戻しようがなく返済のしようがないのです。眼や腕・足などを片輪にしたような場合はなお更のことですし、そして、一番償いようのないのが生命を奪った場合だと思いました。そして、そうであるからこそ、本当に償いが出来るとしたら、それは、一体何故、それだけの誤りを犯してしまうに至ったのかの真因を探り続けて失敗・誤りを過ぎ去ったことにしてしまわず、広く教訓として永遠に役立てるために活かし続けていくことなのではないか、と思えるのです。

恐らく、遠山さんの心の中に今でも生きている美枝子さん、それとは違う形であっても、私自身の反省込めた気持の中で生き続けている彼女（森君の中に生きていたはずの彼女も、きっと森君しか語ることの出来なかった彼女が居たはずなのです）。私の中の彼女が語る時、それは、私自身を糾弾し批判することを通じてのみ、生きている彼女ですし、十四人はみなそうです。

私自身が根本的に自分の誤りを見つめ深く自己の思想そのものを改造しようと努める中ではじめて、私の中の十四人は私の現在の生を通して語り続けるだろうし、又、そうしなくてはいけない、と私には思えるのです。

今でも、一方で、自分をしっかりと育ててくれた両親に対して何とかその労に報いたいと思いつつ、一方では、そのためにも、現在の資本主義体制そのものを根本的に革命し、すべての人間が真に解放される社会を築かねばと思って、革命運動なり新左翼の運動に関わり、その二つのことが生み出す矛盾の中で悩み煩悶している若者は多いはずです。

最も身近な自分に密接な日常的な事柄を、少しづつでも解決していくことと、体制全体のもつ根本的事柄を、根本的に大きく変革することとは決して矛盾対立することではないのに、後者のために前者を犠牲にすることが必要だと思い続けた誤りが私たちにはありました。

この点は、又次便以降詳しく私の考えを述べていくつもりですが、少なくとも、現在の「内ゲバ」にしても、その中で、被害を受けている者も、又加害している者も、おそらく皆、この体制が、人の生・心を踏みにじり、競い合い、蹴おとし合いしながら生き抜くことを強要される体制であることに疑問や怒りをもっているが故に、反体制的な運動を始めた者であるはずです。それは、三菱重工ビルや三井を爆破したりした者とても恐らく同じです。にもかかわらず、結果としては、最も、人の生を踏みにじることに平然であるかのような行為として表われてしまっています。

一つには、人間みなそれぞれみな異なった事情、情況の中で、それなりにそれぞれ異なったやり方で闘い続けつつ生きているのだということが視えないことに原因があるように思います。私の場合もやはりそうでした。デモやストをすることだけが闘いなのではなく、実際に多くの人々自身によって進んでいる実際上の革命運動の現実をしかと視つめずに、実際の人々とは無関係に書物からの知識をもとに、現実が、自分の描く理想とかけ離れていることに焦慮する、という点です。

新聞では三井爆破などを防ぐことを一方で訴えつつ一方ではそのためと信じて大々的に報道しています。私は、ずっとこうした爆破を行う方にいたのでよくわかるのですが、新聞が大々的にとりあげ、「大胆不敵」とか「計画的」とか「高度な爆弾技術」とか騒げば騒ぐほど、やる方では有頂天になるのです。私は、やる者が三井や三菱が、東南アジアなどで、現地の人々を、ひどく安い給料で酷使したりして反感を買っているその企業姿勢に対して抗議しようという意志をもっているらしいことには、（それ自身には）反対ではないのですが、ただその問題は結局、現地住民と三井・

三菱との間で、更には三井・三菱の会社側と労働者・社員側との間での然るべき方法によるやりとりが中心になってしか解決出来ることではないと思うし、あのようなやり方は、逆の効果しか生まず、彼らの思惑とは全くの逆の結果を生んでいることに、彼ら（誰かはわかりませんが）は気がつかないのです。いづれ、私は自分自身の経験にもとづいて、こうした爆弾闘争を行なうことが、必要で正しいと考えている者に呼びかけていくつもりでいます。

そして、本当に彼らをそれなりに説得しうるのは、自分自身が、かつて同じように考えたことのある者が恐らく最適だと信じます。

このように書いている私に、おそらく一つ奇異に思われることがあると思います。それは、私の中で、私自身が美枝子さんはじめ十四人に対して行なった行為について、私が、今、とても醒めた意識で思い返すこともなく思い続けているからです。これも一言で言い切れず、又後便で述べたいと思いますが、一つには、その行動当時、私自身がつねに一つの確信に自らを寄せつけるという自己鍛錬を行なう中で義務として行動したことから、その行動が、今思えば、全く理不尽なものであっても、当時「悪いことを知りつつ、敢えてした」ことではないため、――それなりの正しいという確信があったため――そして、その行動に至った経緯をかなりはっきりと思い出しているがために、「後悔」という形で考えていないからだろうと思えます。

逮捕されて以後、今日まで一日でも山のことを忘れたことはありません。確かにある時期は自分の行動を振り返り当時のことを思うことは僕にとって苦痛なことでした。それから逃げたい忘れたいとさえ思ったこともあります。でも、今は、新聞見ても、ラジオを聞いたりしても、それから得られる社会現象や人の言動にしても、すべて、山岳でのあるいはその前後の私自身の行為行動との比較検討の中で考え続けながら毎日生活しています。それは努力して考え思い起すのでなく、もうそれが生活そのものにさえなっているのです。

私の手元には、「我々の手に」の編集の方が送ってくれた倉渕村の写真などがあります。頼んで送ってもらったものです。でも、それ以上にもっと鮮やかに私の頭の中では当時の状況が定着して映っています。それも、又、今後語りお伝えしていきます。

裁判については、私の思うところはただ一つ。一切の事実がありのまま究明される裁判でなければならないということです。

残念乍ら、今は、私の考えは、外の人を説得するまでになっておらず、内乱罪云々の方針などで私達と大きな食い違いがあります。しかし、私としては、今後も私の正しいと考えたことを主張して、皆の中に生き続けているだろう、十四人のそれぞれの生を、ありのまま語るために、私達自身の行動行為のすべてを自発的に明らかにし認めることをまず第一の出発点とするよう説得し続けていくつもりでおり、それは全く可能なことだと確信しております。

真実・真相の究明ということは、法に定められた裁判の果す内容の根幹になるのですが、私が今思うのは、必らずしも検察官の告発非難は私の（私達の）行為のすべてを究明して行なっているものでなく、私にいわせれば、むしろ、一部の事実をあえて隠すことによって誤りを美化さえする内容をもっているように思えます。

国家で定めた法による裁きが、本当に、真実を解明し、本当に事実にそった問題の解決を行なうためには、裁く側と裁かれる側特に裁かれる側の正当な反撃の権利行使が不可欠であり、それがあってこそ始めて民主主義下の裁判制度たりうるというのは、特に私たちに関していえば、むしろ、逆にそれは民主主義のもつ矛盾だといえるだろうと思います。（何故なら民主主義による法制度によれば、私達は今でもまだ犯罪者でなくその訴えをなされた被告であるとかの一連の「保護」というか「権利」が認められていることにさえなるからです。）

裁判による刑罰も、結局一つの方便のように思われます。私達に死刑を下しても、又他の者を何年か懲役に課しても、その刑罰で私達の責任と義務が帳消しになるわけでも、又、許されるわけでも全然ないからです。そして、私が許されるものでもなく責任や義務が果せるわけでもないと考えるその分だけ、やはり遺族の方も、決してそれで安定した納得を得られるわけではないだろうとも思えるからです。

私が今誓えるのは、今後絶対に遺族の方の手の届かない生き方をしない、私が今こう考え、こう活動し（その活動の主なものは、今でも私達と同じ誤りの道を進んでいる者への説得と、それを通して、本当にすべての人間があらゆる抑圧や差別や不自由などから解放される方向を探り続けることに他ならないと思いますが）こう生きているということを逐一、お知らせし、遺族の方の怒りや批判非難の監視の中で、十四人の生そして死とを考え続けていくということです。

本当に人の傷みを理解出来るためには、自分自身の傷みについて敏感であってはじめて、共有しうるものであり、従って、多くの人々のために尽くそうと思えば、現実の自己の生を豊かなものにし、自己の身近な人々のために尽くせなければ、とても出来るものではないということが、私が今痛切に考えていることの一つです。

最初に書きましたように、まとまりのつかない、誤字訂正だらけのお手紙になってしまいました。私が美枝子さんに逢った七一年十二月初頭からのことは次便から、お伝えしていくつもりです。とり敢えず、今日はこれにて失礼致します。

不尽

七四年十月一九日

吉野雅邦　拝

遠山幸子　様

吉野雅邦から両親へ

一九八七（昭和六二）年十二月　千葉刑務所より

父上様　母上様

御遺族の方々への御香料送付の件でお願いしなければならなくなりましたので、予定を一週間早めてお便りする次第です。

区長殿と係長殿に面接し、自分が直接お送りしたく思っていることをお話ししたのですが、受刑中の者が直接遺族の方にお手紙したり送金することは好ましくないので家族あるいは保護司さんを通じてしてもらうように、とのお話しでした。

そこで誠に心苦しいお願いなのですが、御遺族の方々に私の今の思いを伝えていただき、又、私からの御香料も転送していただけたら、と思いお願いする次第です。（尚、御香料は、作業賞与金の送金許可がいただけるのが年末近くになってしまうようですので申し訳ありませんが、それまで立て替えていただけないでしょうか。賞与金は本来出所時に更正資金として給付されるもので、私は現在月に約五千円ほどをいただいており、これまで四年半の総額が十五万円ほどになっています。

この中から、一定限度内で、送金特別許可をいただくわけですが、制限額が五万円となりそうですので、今回はお一人五千円づつ、計四万五千円を申請致します。許可され次第送りますので、申し訳ありませんが何卒よろしくお願い致します）

まず私が自分の行動全般について、ふり返り考えていることを書かせていただきます。

私が、あのような運動に走った当初の思いは、この世から戦争や差別・いさかいなど非人間的な状態をなくし、万人が幸せに仲良く生きられる社会であってほしい、という願いからでした。その根底にあったのは広島での親族の被爆体験であり、知恵遅れであった兄の疎外体験でした。

人のいのちを重んじ心を思えばこそ、この社会の是正を志したはずの私が、なぜあのように逃亡した若い仲間の殺害に加わり、又、山の中で非情な行為に加担したのか。

戦争や人への迫害行為を憎んでいたはずの私は、やがて暴力主義革命理論にとらわれ、自らを非合法組織とその指導者に従属させ、結局「敵を平然と殺せる革命戦士」を目ざすようになり、組織からの離脱者や〝問題分子〟への制裁を容認し、それを自分に与えられた任務（試練）とうけとり、積極的に携わろうとさえしたのです。

自分を徹底的に「革命戦士」に改造せねば、と思った私は、実際に、冷酷非情な鬼に化していたといえます。

私自身の子供を身籠り、苦労しながら八ヶ月になるまで育ててくれていた内妻が、あの厳寒の山中で縛られ、手に凍傷で水疱を作りながら、苦しみ「ほどいてちょうだい」と哀願するのを見放して、そのまま凍死させてしまったのです。「心を鬼に」出来た私だったのです。

弱い者へのいたわり、人への思いやりや優しさ、それを信条として育てられた私は、自分で、そうした人間性を「弱さ」と見なし、一生懸命押し殺し、事実、そうしていたのです。

一連の事件での被害者の方々は、そうした人間性を、殺さずに保持し、体現し続けたゆえに、時に軟弱分子と見なされ、又、危険分子とされたのだ、と私には思えます。

本当に、みな、人の好い、やさしい心の持主でした。

警察からの逃亡の末起こしたのが「あさま山荘」事件でしたが、民家に押し入り、女性を人質にとって籠城したうえ、その救出にあたった正義感と責任感にみちた勇敢なる警察官を狙撃した行為は、もう社会運動や政治的闘争といった性格を全く失った不法集団の最後の悪あがき以外の何物でもなかった、と思わざるをえません。

私自身、敵（警察官）をせん滅（射殺）しなければ、と思いながら、又、死を恐れず闘いぬける戦士であらねば、という意識は残存しながら、実際は、自らの防衛に必死で、警察側の狙撃を恐れて窮々としていた状態でした。自分の保身感情はあの山中でも、やはり強く、上級幹部からの批判を恐れて、〝任務〟たる制裁行為に身を従えていた醜い自分の姿でした。

それがため、これまで幾度も、あの山中で、妻や仲間をかばい、あるいは逃亡や救出を図って、共に死ねなかった当時の自分を悔い、申し訳なさで涙を流してきた私ですが、今後は、こうした泣き言は許されないと思います。

生き残り、現在、無期刑に服している私にはこの刑を一生懸命務めあげていく義務があります。そして、生命ある限り、自分の初心に立ち返って、知恵遅れの人達に役立ち、戦争のない平和で豊かな人間的福祉社会建設に貢献しうるよう尽力しなければならないと心に誓っています。

いづれ、遠からず、自分も妻や亡き方々のところに行ける身です。そう思いながら、その日の来るまで、ひたすら、亡き方々の心と生前の姿を思い、冥福を祈りながら、身を修め、自分の残生を精一杯生き、課された諸責務を果し続けて参りたく思っています。

私にとっては毎日が亡き方々との対話の日々であり、十七回忌もひとつの区切りにすぎませんが、この機に、私の思いとわずかながらですが、御香料を送らせていただきます。

どうか御仏前にお花でもお供え下さいますようお願い申し上げます。

御遺族の方々にはこの十六年間、人には言えぬ苦しみや悲しみがおありだったことと思います。本当に今更ながら誠に申し訳なくお詫びの申し上げようもない思いです。

願わくば、御身くれぐれもお厭いいただきいついつまでも御健勝であられますこと切にお祈りさせていただきます。

以上伝言ともお手紙ともつかぬ中途半端なものになってしまいましたが、適当な方法で御遺族の方々に送っていただけたらと思います。

思えば、本当に父上、母上にはその恩を仇で返すような不孝な仕打ちをしてしまい、今尚御心労や苦難を強いてしまっており、今更ながら申し訳ない思いで一杯です。

このような依頼をすることもとても心苦しい限りなのですが、他に方法が見出せませんので何卒よろしくお願い致します。

昭和六十二年十二月

吉野雅邦

吉野雅邦の両親から遠山幸子へ

一九八七（昭和六二）年十二月九日

拝啓　本年も残り少なくなって参りました。

美枝子様が御亡くなりになりましてから、早や十六年の才月が経ちまして、皆様にはどの様な御気持の日々をお過しのことかと、いつも申し訳なく存じて居ります。

年が明けますと十七回忌に当りますが、お供えとしまして心ばかりお送り申し上げます。御仏前にお好きでした品でもお供え下さいますようお願い申し上げます。

御一同様の御健勝と美枝子様の御冥福を衷心よりお祈り申し上げます。

敬具

昭和六十二年十二月九日

吉野良一
淑子

遠山幸子様

明大学費闘争の中で

T・S（『連合赤軍問題を我々の手に』再刊8号（通巻19号、一九七四年十一月三十日）

私が遠山さんと初めて会ったのは、遠山さんが明治大学第二文学部に入学してから間もなくの頃だったと記憶しています。控え目な感じの人で、明大二部の研究部連合会の執行委員になってからも表立って目立つ存在ではなかったように思います。私の見たところでは、当時の明治大学第二文学部では重信房子さんが一人前の活動家として育つ過程にあり、オルガナイザーとして多くの友人を作っていた時で、遠山さんも、いつも重信房子さんと一緒に活動していたことを思い出します。

当時、明大学苑会という自治体組織は、日共民青が執行部を取っていた時でしたので、何をやるにも民青との対立・抗争が絶えませんでした。そんな中で、苦労して研究部連合会の中で重信房子さんと共に活動してきた遠山さんの活躍は大きく評価されるものだったと思います。遠山さんが明大へ入学してから活動家として育っていく過程を四年ほど遠く周りから見ていた一人として、遠山さんの死に万感胸にせまるものを感ぜずにはおられません。

気持のやさしい面をもった活動家としての遠山さんをしのぶエピソードがあります。明大学費闘争の頃の話しになりますが、ある日、私服警官が学内に入っていたのを発見し、学生会館に連れ込んで殴っていたところ、もうそれ位で止めて！と叫ぶ女性の声がしました。その声を無視して殴っていると突然私の前に立ちふさがって、もういいかげんに止めて下さいと叫ぶ女性がおりました。それが遠山さんだったのです。当時の殺気立った空気の中で、大変勇気のいる行動だったと思います。もしあのままリンチを続けていれば、あの私服警官は死んでいたかも知れません。私は今でもあの時の遠山さんの顔を思い出します。私をにらんで必死に叫んだあの目を思い出します。その遠山さんがリンチで殺されるとは……それも志を一緒にした仲間に殺されたとは……

私の記憶に間違いがなければ、確か遠山さんは母一人娘一人ではなかったかと思います。お母さんのお気持はいかばかりかとお察し申し上げます。遠山さん本人の無念の気持はどんなにだったかと思うと、言葉もありません。深く哀悼の意を表します。

二度と日本革命闘争の中で同じ誤ちを繰り返さない事を訴えて、尊い生命の犠牲の上に立って猛省を促すものです。

自分も含めて…

「ブンドの人形」からの脱皮

Y・N（『連合赤軍問題を我々の手に』再刊8号（通巻19号、一九七四年十一月三十日）

……ニコライ堂の横の坂道を私は遠山さんのお母さんと登っていった。お茶の水の駅で遠山さんとお母さんを会わせることになっていた。本当に会えるのだろうか……不安な気持だった。しかし駅の人ごみの中にちゃんと彼女は立っていた。「あなたは生きていたのね」「そうよ」「じゃあ死んだのはだれだったんだろう……」「死んだのは権力の知らない小さな男の子よ。でも私が生きていることが権力にわかればこれからやろうとしている闘争がだめになってしまうから……さあみつからないうちに早くいきましょう」遠山さんは私たちをせきたてた。相変わらずだな、と私は思った。早口の口調といい、闘争に対する情熱といい、昔のままだった。郊外の友人のアパートで一晩泊った。あくる朝早く彼女は言った。「私、行かなくては」。「どこへ？」と問うことができなかった。朝の光の中へ遠山さんは消えていってしまった……夢だった。

夢の中でもそうだったが、彼女はたった一人で出発していってしまったのだ。「どこへ？」と問うことのできぬうちに。そのことが私の心を重くする。

こうして遠山さんのことを回想しようとする今も、その一コマ一コマに「どこへ？」という問いがダブる。その問いの重さの前で幾度となくためらいつつ、やはりはっきりと言えることは、私にとっての連合赤軍問題は「どこへ？」の問いに尽きるのではないかということである。

遠山さんとはじめて会ったのは七〇年の夏のはじめだった。私が赤軍派の救対部を手伝うことになった日のことである。とてもはっきりしたものの言い方をする人だなあ、というのがその時の印象だった。その日から七一年の春に私が救対をやめてしまうまでは、ほとんど毎日のように救対部の夕方の打合わせの時に顔を合わせた。そのころの遠山さんは救対部ではなく、合法と非合法の連絡役だったらしい。らしいというのは少し変な言い方かもしれないが、何をやっている人かという紹介はなかったし、私もまた、組織の事情や人の任務など知らない方がいいと思っていたので聞いたりすることもなかったのだ。

赤軍派の救対部は少し前までは活動家が一人しかおらず、その人が外の救援関係者を何とかひっぱってきて、私を含めてやっと三人になったという状態であった。そんな風だから、党派の救対部としては、アウト・ロー的な雰囲気があったかもしれない。私が手伝うようになって二〜三ケ月経ったころ、遠山さんが救対部のCapにまわってきた。組織の別の部門から救対部に人がまわされるということはそのころなかったことで、それは指導部が救対を少しは重視するようになったことの表われだったかもしれない。しかし単に人数の上での強化というよりも、上からの指導の強化という意図が強かったのではないかと思う。遠山さんはとても献身的で、指導部に対しても忠実な活動家だったし、指導部の意向をまっすぐに伝える人だったからである。ただ、遠山さんはあまりにも正直すぎて融通のきかないようなところがあったため、よく以前から救対をやっていた人と衝突するはめにおちいった。そういう時に彼女はギャンギャン言うこともあったが、なぜか憎めないかわいい人だった。衝突の内容は、あまりよくわからなかったが、救対を以前からやっている人間は弁護士や救援関係者と実際につきあっていたから、そういう人々の現実も知らないで指導部が出してくる方針に対して反発があったのではないかと思う。上からも下からも文句をいわれ、遠山さんは結局自分が献身的に動きまわるということで何とか解決しようとしていたような感じだった。

救対は毎日のように裁判所や拘置所に通わねばならず、権力の目から逃げ隠れしているわけにいかなかったから、道で刑事にとり囲まれたり、交番に連れこまれたり、駅でつきとばされたり、というようないやがらせをたびたびうけた。けれど、私の知っている限り、遠山さんはいつも元気を失わなかった。そしてにぎやかなことの好きな人だった。「獄中通信」を徹夜で作った夜など、小さな定食屋さんにみんなで出かけわあわあにぎやかに食べたりしたことを思いだす。

また、とても気さくで、世話好きな人だった。救対部のだれかが大好物だと言ったら、どう工面したのか、開拓社（当時の救対の事務所）でいなり寿司を五〇個位作って、みんなに食べさせてくれたり、友人が獄中の恋人のために編んでいた毛糸のくつ下のつま先をタビ風にする方法を、親身になって考えてくれたりした（獄中でのはきものはゾウリだったから、つま先が分れている方が便利だった）。

ところが、他人の恋人に対してはそんな心づかいをみせた彼女も、獄中にいる自分の恋人のことに関しては、大っぴらに世話をやくということはしなかった。

私のアパートに泊って雑談した時など、何か言わせようとずいぶんからかってみたが、いつも彼のことはつき放したような言い方しかしなかった。彼は赤軍派の政治局員だった。「あいつの女房だから、その意向をうけてギャンギャン言うのだ」という風に評していた人もいるし、また「救対部にまわされたのは、獄中に恋人がいるのだから当然じゃないか」などという人もいた。こんな具合に彼女の政治的言動をすべて恋人との二重写しでとらえようとするようなことがあったため、性格的にも古風なところのあった彼女は余計に自然な感情を表現しにくかったのではないだろうか。「救対部は獄中者の女房を集めてやればいいんだ」という発言もあり、ア然とさせられたこともある。

こういう女性観はブンド時代から続いてきたものだと思う。私はブンドの強い大学で自治会活動に参加していたことがあるが、ブンドは女を自立した一人前の活動家に育てようという意識が他の党派に比べても、薄かったのではないかと思う。大学時代、ブンドの男から言われたことは、「女が革命的であり続けようとするなら、女性であることをやめて中性化するか、革命的な男とくっついて、その影響下で活勁するしかないんだ」ということだった。男以上の活動ができないなら、男を生理的に養ってやり、その秘書の仕事をすること、それが女が革命的であり続けられる道だった。男が党派で高い地位につくと、その分だけその「女房」の発言権が強くなるのが普通だった。「女房政治」などという言葉も陰でささやかれていた。男は巧妙に自分の意向を女に託し、女は女であることを最大限利用してこまめに男の勢力圏を拡大していく……。そこで女に要求されたのは、男にとって都合のいい範囲での革命性でしかない。女同士はそういうしくみの中で分断され、互いに反発し合った。女を一人前の活動家として育てるよりは、だれかの「女房」にしてしまう方がずっと簡単だったし、男にとって便利だったのだ。

そういう女性観が支配する中で、ブンド以来の活動家であった遠山さんが、どういう風に自己形成してきたのか、政治局員である恋人との関係をどのように考えてきたのか、突っこんで話しあったことはないし、救対部以前のことはわからない。しかし私が知っている彼女は、恋人と二重写しでみられることに対して心の底から反発していたし、何とか自立したいと思っていたことは確かだった。そして、そうした反発と自立への志向は、遠山さん個人のものというだけでなく、ブンド以来の女の活動家総体の底流にうごめくそれを代表するものであったと思う。

「私、やっとわかったのよ。私は今までお人形だったの。ブンドのお人形にすぎなかったのよ。…私には好きな人がいるの。でも、今は愛しているとは言えないわ。私、女兵士になるわ。私が立派な女兵士になれたら、その時あなたに、この人が私の愛する人ですって紹介するからね。それまで待ってて。本当に、私は人形だったのよ。でも、きっと立派な女兵士になってみせるわ。あなたも道はちがうけど、がんばってね…」

　七一年の夏の終りだった。電話口で何度も何度も遠山さんはくり返した。私は人形だった。でも、これからはちがうんだ、と。その声はさわやかだった。

「ブンドの人形」と彼女は自分のことを表現した。それは、ブンドに献身的につくせばつくすほど「人形のように意のままに使える女」にされていった彼女のくやしさがこめられていた。「好きな人」と自分から口にするような人ではなかった。けれど、「人形」ではなく、立派な女兵士（＝一人の自立した女）になった時にはじめて。「好きな人」を本当に対等に愛することができるのだということをどうしても言いたかったのだと思う。それは遠山さんの「自立宣言」ともいうべきものだった。「ブンドの人形」から脱皮し、自分から女兵士という道を選びとるのだというその言葉の中には、ほんとうにひたむきな飛躍への希求が感じられた。

　それから半年もたたないうちに、あのように無残に殺されてしまうなんて、だれが信じられるだろう。

「山」へ行くことは遠山さんにとって自立への希望そのものだったにちがいない。また、山本さんにしても、親子三人が参加したのはそこに希望をみていたからではないかと思うし、当初はみんな希望をもっていたにちがいないと思う。その希望は見事に裏切られてしまったのである。

赤軍派でたった一人の女兵士として山に行くことはずいぶん不安で、勇気のいることだっただろうと思う。そして、決して器用に身をかわすことなどできない人だっただけに、一つ一つ慣れないことにぶつかるたびに、どんなに苦闘したことだろう。その苦闘があまりにも簡単にふみにじられてしまった。

「ブンドの人形」から脱皮しようとしている遠山さんに対して、山では、もう一度「人形」になれ、と強要したのではないだろうか。自分たちの観念を遠山さんの上に映しだして、赤軍派のひいてはブンド系総体の女に対する今までの責任をみんな彼女にかぶせ、殺してしまったのではないのだろうか。

赤軍派の男の人々には、正しかったとか、○○派だったとかいうことだけでなく、答えてほしいと思う。

最後になってしまったけれど、遠山さんのことを思いだすたびに、必ず想うのは、遠山さんのお母さんのことである。

遠山さんと話す時はいつもといっていいほど、お母さんの話になった。その話しぶりから、彼女たち姉妹三人を小さい時から女手一つで育ててくれたお母さんを、彼女がどんなに好きであるか、また誇らしく思っているか、本当によくわかるのだった。遠山さんにとって具体的な「人民」というのは、お母さんの姿だったのだと思う。「山」で、「お母さんを幸せにしてあげる」と言ったという話を思い出すたびに、どうしようもなくつらい気持になってしまう。

　遠山さんのお母さんは、遠山さんの足どりをたどろうとして、ずいぶん努力をして来られた。しかし、最後まで遠山さんと一緒だった人たちからは、お母さんの方から働きかけるまで、報告らしいものもお詫びもなかったようである。娘を殺されたという怒りはもちろんだが、そのことが怒りの気持を一層強いものにしていると思う。二〜三度お会いしたけれど、その強い怒りの前に言葉もなく、ただお話をうかがっていることしかできなかった。しかし、怒るということで関係を持ち続けていらっしゃるお母さんに対して、その怒りをあきらめに変えさせるようなことが決してあってはならないと思う。それがどんなに重苦しいことであれ、どんなに時間のかかることであれ、私たちはその怒りに応えなくてはならない。

II 「供養文」拾遺 一

III

遠山美枝子書簡

遠山美枝子から重信房子へ

1971.4.17 Mieko Okada から

フーへ

返事が遅れてすいません。三月以降権力の動きがすごくて交通公社にもガサが入ったくらいです。[註1]今現在パクられた人数が九人、指名手配が数人（十二、三）人です。お玉ちゃん〔玉振さよ子〕もやられてしまいました。フー宛の手紙も税関で開封される等の情報があったのや、忙しさで落ち着きませんでしたという理由で出せなかったのです。[註2]三月二十七日付の手紙受け取りました。又、別便の手紙〔これは国際部の正式ルートや他の友人達〕も全て読みましたので現地の事や、あれやこれやのぜんぼうをつかむことができました。項目別にわけて書くことにします。

(1) 週刊誌の件

Q〔救援〕からTELが有り〔重信の件で取材したいということ〕絶対やめる様にと言っておいたのですが、結局N氏の独走で行い、別に載せてもかまわないじゃないかという判断のもとでやってしまったのです。[註3]フーからのTEL[註4]で現地でまずくなったという事を聞き、又、週刊誌を利用するまで主体が成長していない、利用されるのがオチだという原則的立場から中止させました。大阪日日新聞にもフーの出発前の行動等をかいた記事がのり、びっくりしていましたが大体犯人はつきとめました。手紙では言えませんが例の彼が、ホテルに泊まった彼がからんでいるみたいです。それから○○がフーの名を使ってgel〔金〕集め〔カンパ活動〕をしている情報もあります。彼らとは交信しているのですか？　危険集団なのであまりコンタクトをしないほうが絶対良いです。別の彼の事もあるので、国際活動の方は、○○に中心になる様、意志統一し彼は今の会社orはK・Sの方を担当してもらうことにしました。手紙も○○に集中させますので、少しは動けるのではないかと思います。

⑵ M大〔明治大学〕の件

今週中に現思研の人間を集め、F〔フラクション〕の再建をやります。すごくむずかしいのですが、必ず再建させますので、みてて下さい。○○と○○ですが、まだ話をしていません。○○は連絡がとれないのです。二人に関しては非常にむずかしいと思われますが、一応は話してみます。日本の情況は昨年六月（この後破損部分を略）

闘争を支持し開始せよというのは我々の要求ですが非常に難しい点です。統一戦線問題（党建設の方針）をあいまいにすると7／6以降の成果が0になると思うのですが。長のも元気です。ハゲのオヤジも。でも彼らが何を考えているのかさっぱりわかりません。持久戦ですし、あせらず組織化していくことが今問われているのではないのでしょうか。この間の事をふまえるならば、なおさらです。そういう意味で関西B〔関西ブンド〕の問題もとらえるべきであって我々がいかなる非合法党をつくるかが主軸です。少しでも色気を出せば吸収されるのがおちです。

(4) その他

ドスケ〔堂山〕には手紙出しておきます。大阪にいった時会おうとも思ったのですがやめました。フーの事それなりに伝えておきます。

毎日口紅を付けてブツブツ文句をいいながらがんばっています。遠くにいてもよくわかるね。この間消耗の連続で、ヒステリー気味です。グチル人間もいなくなったし、フーの所にとんでいきたいぐらいです。寝ながらオシャベリしたい。自分を対象化できるのが運動の中だけなので、これが一番良いことなのですが、しんどいです。人間だれでも弱点があり、人知れず出るものです。気を張るのもつかれてしまったし、新しいM〔運動〕を作る方針は出せるのですが、自信が持てないのです。限界も自分なりにわかるし、ひやくする契機もあります。早く新しい自分に生まれかわりたい。

フーの件で人はあれこれいいます。個人主義等々。文句を言う人もいます。でも私はいつもオルグして変えさせています。フーはフーなりに生まれ変わる契機を自分でつくりやり切ったのです。党的にいっても絶対必要なのです。我々は世界性と言いつつ世界のことをあまりにも知らなすぎるし、狭い国内、一国主義に囚われている(現実的に)アラブで、ベトナムで、色々の場所で人民は闘っているし、我々だけではないんですもの（理論的な展開はあえてやめます。私の文書をいづれ送りますのでそれを読んで）。

消耗している為かもしれませんが、人にすごく甘えたくなっていました。M大の彼と話していると気がまぎれるし、よく会ったりしてたの。浮気寸前まで行ったのですが、やめてしまった。自分がかわいいせいね。人の事を考えるゆとりがないの。昔の私に変えりたい〔返りたいの意味か〕と思う時がある。それが楽なの。でも六九年の冬に生まれ変わっているし、又生まれ変わろうとしている。時間がかかるけど自分の力でやってみます。

一番好きなのは自分、次にフー。高原の事もこのごろわからなくなってきました。過渡期世界だから止揚できないのかもしれません。

4・25、28、29と集会があります。終わったら又、返事を出します。少しは好転した事が伝えられるかもしれません。フーは一人でガンバッているのだし、私もブツブツ言いながら、ハッスルします。○○○○○○○〔国際部の正式機関の方〕に書かないでね。書くとしても抽象的にね。読まれる恐れがある為。現地から出す手紙のリストをお知らせください。○○には気をつけよ。ゴルゴ13の世界もある事だし十分気を配りやって下さい。便秘早く良くなる様に。元気で、返待つ

みえこ　4／17 ハトヤにて

いとしのフーへ

重信房子による補註

重信は二月二十八日美枝子に見送られて羽田を出発し、三月一日ベイルート着。その後一週間ほどでPLO、PFLPと接触したが、三月十二日毎日新聞に出発記事が載った。それがクウェートの新聞などに転載されて中東の新聞に赤軍派という革命組織がパレスチナ解放闘争に参加か、等と書かれて困った。なぜならこれから活動することをPFLPは非公然にしておきたかったからであった。現地で知り合った時事通信の人が記事に対する私のコメントを載せてくれた。「パレスチナ問題を学習に来ているだけ云々」と。国内でも重信自宅に公安が来て「とんでもないことをしてくれた」愚痴って事情聴取するなど、弾圧が更に激しくなった。PFLPとも話し合い、私は合法的なPFLPの情報センターで、奥平さんは軍事部門へ訓練にとボランティア活動をわけた。

この手紙で黒で消したのはわたしです。もう思い出せませんがお母さんに返送するとき黒で消しています。黒で消したところは○○にします。

註1　この新宿の交通公社は、偶然私がドアを押してレバノン行を相談して切符を買おうと入ったのだが、カウンターにいたのは私の大学の現代思想研究会仲間であった。彼も運動の在り方に疑問を感じ身を引いて再就職したところだった。彼は協力して手続きを丁寧にやってくれた。そのため、ただ乗客にサービスをしたのに「手助けした」と、何度も任意取り調べになり、職場の家宅捜索も強行された。かつての逮捕歴が有ったためだろう。

註2　大学の友人経由でベイルートから手紙を遠山さん宛に出していたのだが、最初の手紙が税関で開封の上届けられた。友人がそれを遠山さんに手紙を渡しつつ伝えた。オフィシャルの「開封した」と記されていたという。

註3　その後の週刊誌記事などのことでしょう。こちらはベイルートで私が動いているという情報を鎮静化しておきたいときに。

註4　これは新宿の「ユニコーン」という酒場が大島渚や松田政男ら知識人文化人らの溜まり場で、コレクトコールでお金を払わずに国際電話を受けてくれたので何度か使用した。誰かがカンパ方々払ってくれていた。その時間に合わせて遠山さんが電話口に待機してくれた。

1971.5.21 Yoshiko Okada 千代田区神田駿河台1・1→Beirut Lebanon Miss Fusako

フーへ　5／3、4付の手紙今日受け取りました。

フーが怒っている様子が目に見えるようで、何といってよいやら言葉がみつからないですが、この間五通ほど書いては破りしていましたが、思いきって筆を取ります。

何故書けなかったかと言えば、①会社の状況が全然わからなかった事②私の転換軸の設定のブレ等といった内容で、ブレてはいませんが危機感しか持てず消耗の連続でした。（交通形態の不充分性を前提としても、私がLetterを出さなかった事、深く自己批判します。ゴメンネ。

M作戦〔マフィア作戦＝金融機関などへの現金強奪〕以後の会社の動きが全く下におろされず、私のやっている領域は、自己の政治判断で対応が迫られ、やればやるほど物質化されないという困難な局面が多く会社の不信というより②と関連して、自己不信に陥ってしまったのです。異国にいるフーには私以上の矛盾が集中し、イライラしているのが自己の投影としてもうつり、何を軸にして解決していくのか、整理もしないうちに出すのは、グチでしかない為、筆を取れなかったの。

総体として全局を失わないと思いながら、日常の忙しさに没とうし、頭が空っぽになった自分程みじめな事はないです。しかし、マージャ〔機関会議〕を久し振りでやり、それなりにまとまり方針もほぼ私と同じものになったので、再度ハッスルして、フーにまけない位がんばるつもりです。
①フーに関して
ポストの件、二通目でわかってくれた事と思います。生協のSからの情報で知り、すぐストップをかけたのですが遅く、その文句と自己批判を求める意味で、○氏の所に行ったのです。（別の仕事も有り）、私の方針と会社の方針はフーの件は一切Brマスコミ等を利用しないという事ですし、もう怒らせない事を必ず約束しますし、もし、やったとしても私が必ず止めてみせます。国際部に関してはあのＴＥＬの次元で○○が中心になりやる事になっていたのですが、何に一つやってなく、他の人から文句をいわれた位です。しかし国際部に関して総体の方針としては会社はもってなく、

五月の中頃、○○に話したところ、わからないという返事で、又もやガクゼンしてしまったのです。しかし、数日後、○○が上京し、me と○○と話しあい、又○氏の上京と合わせて、フーの近況を知り、又この間のまとまりと合せて、大局の方針を立て、○○よりの手紙がフーに届くようになっているはずでしたが届いたでしょうか。

○○○○○○○ある人がいろいろな事をおしえてくれ、けっこう参考になる次第ですし、国際部もそれなりに動きだすようです。しかし、情報交換や出版よりか、本当は日本に於けるG軍事をいかにするかという事にかかっており、その上での○でないと、悪い意味での情報屋になり、フーの活動をマイナスにするという傾向を常に有し、この矛盾の止揚が問われているという事ではないでしょうか。○○と意志統一すれば会社の方に届く様になっています。○氏は絶対に通さない方が良いです。全て公然化し、私物化し、頭が痛くなる位、いつも悩まされています。しかし、○氏にたのまざるを得ない現状があるという事は、すごくつらいです。Geld[註1]に関しても直接 me が動くと上からすぐに圧力がかかり、又○氏が独占して会うという関係でやりにくかったのですが、今回の Geld に関してはN氏に全て頼みました。○○氏に会う事も。me は○氏を信用していません。それは○の問題もあるからですし、ポストその他の情報に関してもしかりだという確信ですが、しかしサイギ心がもっと頭から離れませんが、いづれわかる事ではないかと思います。（サヴィンコフがいるかもしれませんし、CIA、KGBも、我々の回りには常にいる事、フーの回りには特にいる事等を合わせて、命は絶対に気を付けてね。（少しオーバーな表現だけど）本人は無自覚で誰れかに使われている事だと思っています（これは私だけの推測ですので、念の為）。

○氏からの情報だけで、本当にすまなく思っています。しかし、これからは○○がきちんとやる事になっているので、文書が出ても英文にしてそちらに届くと思います。○○には話しましたが彼は執行猶予が終ってからでないと動かないという事ですし、もう少し時間が必要です。○○は連絡とれません。会社としては○の様な型ではこれからは送れないし、別な型で送る事は今考えられないという事ですが時間をかけて○○○○してみます。当面は○○○になるのですが、がまんして下さい。[註2]

②会社に関して

この間の総括の軸は7／6にさかのぼって建P建A〔建党建軍〕の総括をやりその内容として組織問題、政治路線を総括していくという事。①新聞6・7の内容からなし崩し的に建P建A→you〔遊撃戦〕に転換した事②A〔軍〕によるyouがP〔党〕に対する新たな政治の質を生み出さず、規律性等がない（十二人パクられ、松田久と玉振だけ完黙、あと全てゲロ）③Brの攻セに対して、古い、良い質をくいつぶした事⇩再度建P建A→youの攻セと新しい団結、人民のヘゲの確立という方針

①は戦略的組織戦としてyouを展開するという内容で、ゲリラ主義ではなくMO〔運動〕戦の

形成として㋖〔機動隊〕のセンメツ、テト攻セ型蜂起をWRW〔世界革命戦争〕の組織戦として打ち出すという事であり6・7の延長上では出てこなく、新たな事としてM作を媒介にして出て来た事です。要はyouを媒介にしてA事組織〔軍事組織〕の党を作るという事です。②はC産〔共産〕主義的作風、規律という問題で整風M〔運動〕を展開するという事です。リアルには「政治と軍事」の問題「BOSかyou」〔蜂起かゲリラか〕かという問題を会社の今までの歴史から総括するという事で（ボサツの革敗主義〔革命的敗北主義〕の事等を含め）す。路線問題としては、M・L〔マルクス・レーニン〕主義の継続、TO、毛〔トロツキー、毛沢東〕、M・Lの批判的摂取と再評価として、M・L・毛主義になるという事です。持久戦としてWRWとして位置付けるならば、毛主義へ至るのは当然ではないでしょうか（この件に関しては別便で詳しく送ります）。

　とまれ自分を対象的するという意味で書いている為ダレ気味ですが許して下さいね。私には二人、フーと高原（葉書が出せる様になりました。三月の終りから）に手紙を出すという所があるのに二人に共通して二通しか出していないという現実を理解してください。高原には正直いって出したくないです。私の弱さなり、生き方を理解してくれているのはフーだけだと思っていますし、フー宛に書けない（どんな事があるにせよ）様な私がここ何ヶ月かにわたってあったという事をこの手紙を契にきっぱりとわかれを告げる、ゴミ箱的内容になってしまいました。

　獄中の連中にも、フーと同じ様な内容の矛盾が蓄積し、交通形態の確保といった事では解決できない問題が出てき、接見に行っても、満足に話すこともできませんでした。しかし交通を確保し、常に交信からしか始まらないし、その中から再度密にし、どんな事も知らせるといった事を始めて行こうと思っています。

大体今月中でいろいろな問題の解決の仕方が整理でき、赤い糸口のもと、実にしていく方針です。三一の本〔『世界革命戦争への飛翔』共産主義者同盟赤軍派編、一九七一年刊〕を読むと昔の事を思い出します。7／6以後会社を生み、育てたのは私達ですし、産みの苦しみを知っている。だからこそ今の状況にとりこし苦労をして、アレやコレやと言っても仕方ないし、自分のペースでやるしかないし、その中から検証していく作業をしていきます。

現思研の連中もやっと動きだしRFが再建できそうです。しかし、すぐ荒との党派闘争になるし、主体を確立しないとすぐにツブされますので、とてもしんどいです。

環はyouと党派闘争（全人民の政治動員、小ブルとの党内闘争）にしぼられ、人民に工作し、ヘゲを確立していく事ですし、真の共産主義的人間像への道をつくらなければ、人民に信頼されないし、ヘゲもできません。youを大胆にやれる主体に早くなりたいです。でもあと一～二年かかるのではないでしょうか。

花ちゃん、佐の氏、山際しの件、やっておきます。山際は非常に難しいですがどうにか達成します。佐の氏は4／12に保釈です。花ちゃんは出そうもありません。

Meの写真、フーがいった為、次は私の番で街頭にハリ出され、非常に動きにくく、口紅、化粧等をしてイメージをかえつつ動いています。忙しさに負けず、手紙出します（フー、体に気をつけて）愛するフーへ

ミエコ　5／21

重信房子による補註

註1　お金のこと。当時お金の見通しが立たず苦労しているのを美枝子は知っていた。

註2　遠山さん自身が赤軍派の実態を知らされておらず、森さんら軍事部門でM作戦のような無理な在り方が仲間からも批判され先細っていった時代。ＰＦＬＰの合意を得て訓練者をおくるよう伝えていたが、森さんがアラブへの意思一致や送金などを行わず、また国際部のメンバーを軍に召還したり、逮捕されたりで国際部機能が解体していたもようです。それで遠山さんが色々調整しようと努力してくれていたのです。

補足　党中枢は青砥さんの仲介で森・永田さんが会い始め、（森さんは赤軍派の中で毛沢東路線に一人親和的だった）毛路線へと転じていく時期にあり、遠山さんもその路線を忠実に継承しようと手紙の中で自分の問題意識を整理しようとしています。うまくいかない矛盾を自分の飛躍できない問題と真面目に捉え間違っていく党の方針を実現しようとする姿がうかがえます。

遠山美枝子から高原浩之へ

一九七一（昭和四六）年三月五日　遠山（千代崎町）→高原（東京拘置所内）葉書・横書き

28、29の集会も無事終りました。28は500人の赤ヘルでRA〔赤軍派〕は15名程度でした。関西Bは荒派に敗け、6・15迄に再度浮上をかけるそうです。我々の9・5の再現を彼等は行なったのですが、戦術面ではなく組織問題に大きな欠如があるのではないでしょうか。

つかれがどっと出てとてもシンドイです。面会の際もシンドクて、つっけんどんになりゴメンネ。色々と考える事がメンドクサクテ。でも一段落したので、セッセと社長と自分〔高原〕の文書を読みます。獄信に再度の公開の事考えています。これで組織化しないと本当の解党主義になりかねないですからね。

フーもむこうでがんばっています。私も、もう一回脱皮を計らないと、対応できなくなりそうです。子供↓大人へと変りつつあるのですが、まだ狭いみたいです。

この所、自分はスゴク、ゴウマンすぎます。昔はそのゴウマン性が良かったのですが、この所少しイヤ味ですよ。原理的、場所的、その他の状況でわかりますが、私の立場、生き方を理解していない証拠です。自分との関係でM〔運動〕をやっているのではないです。だからといって関係を断つとか云々という問題ではないです。しかしときはなれた関係で自分を考えるのではなく、更に自分がやり切っていく方向での、あるべき関係を設定しないと、しっこくになってきています。外は種々な事で、とてもおもしろいし、好奇心もわきますが、狭い社会の中で育った私にとっては良いベンキョウになるみたいです。ここの中で更に大人になるかもしれません。好基さん〔高原の弟〕は連休に来ます。面会に行くといってます。

一九七一〔昭和四六〕年四月七日　速達　葉書・横書き

葉書を読む為にあと数日かかりそうです。色々と事情があり家に帰れない為です。念の為ですが、家宛の葉書には詳しい事は一切書かないで下さい。おふくろさんがすごく心配するからです。読まなければわからないのですが、私は林さんの様なタイプにはなるつもりは一切ありません。あくまでも私は私のタイプ、道を押し進めて行きたいです。今の仕事が軌道に乗り、限界性を踏まえた上でやっていますので、総体的にピンチのせいもあり、いがいと空気は入っています。今の事態を政治的にもその他も含めて理解しているのは私ぐらいかもしれません？　これは自分の文書を基軸においているからです。（別にひいきめでホメテイルわけではなく、客観的にです。）

色々と不自由をかけますが、がまんしてくださいね。やれる範囲内の90％はしていると思っているのですが、フーが言っていた言葉に、私が結婚した事は過渡期世界だからできたそうです。そうかもしれませんね。

三一の本が出たせいもあって、69・4・28以降のことを、自己の歴史とそれなりに考えています。古い者ほど新しい物を欲する事を人一倍欲求するのです。経験主義におちいらない様常に気を付けています。十四日の弁護士接見の時、又詳しく伝えます。


一九七一（昭和四六）年四月二十二日　葉書・横書き

あまり接見に行かれずごめんなさい。月曜日に親不知を抜いてここ三日間、ハレ、熱が出てイヒイヒいって寝ていました。抜かないと又、虫歯が多く胃がすぐやられてしまう為思いきり抜いたのです。

接見の時関西Bに行く等といっていましたが、弁護士にももう少し謙虚に外の事を把えらるべきです。昨年の六月の敗北は自分の責任とはいえませんが、第一次RAの破産と誰でもが確認している事ですが、自分の責任もあるという事を自覚すべきです。上の、八木ちゃんの件にしても、自分より長く入っていれば、又、文書の公開の場が少ない為、独走的になるのです。

獄信等で意志統一をはかる以外ありません。これらの根拠はゲリラ戦の位置付けはそれなりに良いのですが、あまりにもゲリラを位置付ける全政治内容を外が持っていない為おこる傾向です。その為、理論的に差異がなくなった関西Bが良くみえるのではないでしょうか（自分は）。実の所、私は消耗の連続なのです。色々の矛盾が私にかかり、いささかバテ気味です。Q対の方は長期方針の基、順調（50%）にいっているのですが、ヤレバヤルほど大きな政治が必要とされ、それをになえる自信が持てないのです。自分が古い体質と批判しましたが、そういう事を含み、どんなピンチでもよゆうの持てる方針、組織が今要求されているのではないでしょうか。先を読めば読むほど先細りがするという危機感があるせいかもしれません。フーもいない為、グチル人間もいず、全ゆる意味で自己を対象化できるのがMの中だけになったからかもしれません。良い、正しい方向なのですが、今一歩これに対する飛躍が迫られているのもわかるのですが、あせってはいませんし、気長に、契機をつかんでいこうと思っています。

お金の差し入れの件、母宛てに礼状を書く事を忘れずに、ボーナスが入ったのでカンパしてくれたのです。

好基さんは連休に上京してくるそうです。その時住所がわかります。家宛は用件だけにして下さ

い。では又、近いうちに接見にいきます。　4／22（みえこ）

一九七一（昭和四六）年五月十三日　葉書・縦書き

自己批判の葉書未だ読んでいませんが、私の立場をそれなりに理解してくれた事と思います。路線問題の総括は次回に詳しく伝えます。

獄信ＯＫになりましたが、文書を読むにつれ、くどい内容展開にはイササカへいこうしています。タンタンとした文書を絶対かくべきです。人民にわかる言葉で。

5・25京大抵抗戦線の集会に向け、前みたいではない、もっと良い文書を便せん一枚20前後迄に近藤氏の所へ届く様にして下さい。

それからＨ・Ｊのパンフを出すので、便せん二枚支援をうったえる内容のそれを25日迄必ず送って欲しいです。全ゆる意味でタンタンと書くべきです。でないと、カットしますから？

お知らせ迄

みえこ

一九七一（昭和四六）年五月二十九日　郵便書簡・縦書き

前略

金曜日付の電報の返事受け取ってくれた事と思います。先日面会の際に話した様に今月中は接見に行かれません。(弁)〔弁護士〕接見でこの間の事理解していただけたと思うのですが。公開の文書は私が今読んで編集しなおしています。あまりにも同義反復語が多いし、すごくくどいです。視点は正しいですし、社長もほぼ同じ事をいっています。しかし、反スタの規定があれだけでは誤解を招くのではないでしょうか。第四論文だけに今回はしますのであしからず。

外は5・19中核がハッスルし、主力はノンセクトで、久し振りに大きな闘争になり、又関西も126名程（中核を除いて）パクられyou戦の萌芽が育ってきています。

5／14付葉書の内容は見当違いもいいとこです。you戦のメダルの表と裏の闘いを真剣に考えていますし、自分のいうようにyouと党派闘争によって人民を組織しなければ、人民戦線派に敗北してしまう事もよく知っています。

しかし日常の忙しさに埋没しないと思いつつも、外の状況に規定され思うようにははかどらないものです。忠告をよく理解して行動するようにします。

広島からお金一万円送って来ましたので、後日入れます。又、パンツですが和子が上旬に二枚送ったそうです。そちらで調べて下さい。必ず返事は家宛てに。手紙は家宛の方が良いです。具体的な事は弁⃝の方にして下さい。

話は変りますが、フーが自分と同じような事をいってきています。（政治内容）ではなく、私には、自分、Q〔上原敦男〕、フーという良き友の面倒をみなくてはなりませんし、しんどい事ですが、それなりにがんばりますから。でも、できる事なら昔の自分にかえりたいです。でもかえれないところに、今いますし、大人への成長が問われているのではないでしょうか。いずれフーみたいに脱皮します！ 人間変革を現実の中からやりとげる主体になろうと思っています。フーも本当に変わりました。やっぱり、一番好きな人です。私の事を本当に理解してくれるのはフーだけの気がします。自分は私を変えてくれましたけど、それ以上でも以下でもないし、やはり理解していないというのが正しいのではないでしょうか。では又！ 田舎に手紙を書く事！ 5／29

一九七一（昭和四六）年五月三十日 葉書・縦書き

仕事も終り、接見に行かれるかと思いますのでまっていて下さい。夏物は近日中に差し入れます。

Ｈ・Ｊの公判もあと一ヶ月、自分がパクられて一年になろうとしています。かの地に来て、いろいろな事を思いだすと、何かとても不思議な気持です。７／６からやっている人間は外では私一人、何んともいえない気持ですし、自分ながらよく残ったなあと感心する面と、この辺でやりたい事を正面きってやってもいいのではないかという気持が入り混じりコントンとしています。

かの地の政治状況はかわりつつあり、白ヘルのヘゲが大体貫徹し関西Ｂはこれに屈服し、八派とＢＷ派の両方に出るという方針に変質し頭がカッカする位です。詳しい事は後日お知らせします。

一九七一（昭和四六）年六月十八日　速達　郵便書簡・縦書き

怒りの手紙読みました。大人気ない怒り方と共に問題点がはっきりしたようですね。公判の位置付けに関して党内闘争、ブンド再建の視点でやりたいという事ですね。総体の視点としては正しいと思いますし、組織戦として取り組む以上あたり前の事ではないでしょうか。単に宣伝戦としてのみ固定化していませんし、川島のいう様に常に主体的に展開すべきです。その意味からいえば、単に革命家の志気をもり立てるだけではなく、Ｐ建設の一環として重層的に位置付け政治闘争として方針化しています（Ｑ援会Ｍの方向性も含め）レジメ差し入れます。

しかし、社長他二人とも方針としてはほぼ一致し（自分も含め）ているが、総括の視点が違うという問題ではないのでしょうか。社長は自分のレジメ批判に具体性がないといい、川島はＢＯＳ主義といっています。公判を前にして夫々の文書を入れますから読んで下さい。その中で意思統一するしかないのですから。

３・４論文、カットしています。別に発表できないという規制ではなく、接禁の事から逆制約をしいられ許可がとれないのです。上の、八木の件に関していえば論争を組織化するという視点から一度外に出し、読み、出版という原則的な対応ですし、ボツにするとかいう事ではないです。自己批判の件、前にも書きましたが、もっとしんしな態度を取るべきです。あの書き方はなんですか！自己批判として具体的に文書を書く必要があるのではないでしょうか。

文書に関していえば、同義反復語が多いのは事実です。もっと簡単な文書構成にする必要は絶対にあります。獄中だから云々とは、わかりますが、文体をもっと整理した方が良いのではないでしょうか。それを理由にサボッテなどはいませんので、ねんの為。

来週接見に行きますので、その時詳しく話します。

裁判の時は、あまりいい争いはしないで下さい。キチンとした服装で。　６／18

一九七一（昭和四六）年六月二十八日　速達　郵便書簡・横書き

この前の接見で話した内容を文章にしてみます。

第一点としてＢＵＮＤ再建、統一戦線を提起する件です。党内闘争の場がない、公開を拒否している等々の事は大きな誤解です。内部矛盾は内部矛盾として解決すべき方法があるし、その場もそれなりに設定しているのではないでしょうか。接見禁止の逆制約はやっていませんし、時期的に少し遅れてしまう場合もある。公判をこれができない、していないという理由で再建問題を提出するとは、居直り、ゴウマン、無政府主義の何ものでもない。Ｑ援レベルでの統一は（関西Ｂ）あり得ても、党—軍レベルでの統一を提起（公判の場で）する事は大きな誤りです。対象を総体的に限らず、統一戦線問題として提起すべきです。意見陳述で自己批判的総括をやるといっていますが、社長の批判にもある様に、この事をしんしな気持ちで受けとめる事です。自分の場合、パクラレタ後、荒との問題にかえりその中から再生したといってもいいすぎではないでしょう。しかし７／６、ボサツ、Ｈ・Ｊ、６月をどのように把えているかといえば、全て過渡期世界論の破産のせいにし、我々の獲得した地平を誤解を招く様な内容構成で展開している為、その再生軸の仕方も荒流と誤解されるのです。党派闘争と組織問題の視点は良いです。しかし一連の闘いの成果を、敗北を、永続化を踏まえた上で展開すべきですし、誤解を招くのです。両者は自分流にいえば、メダルの裏と表の闘いです。

党派、党内闘争で自己を対象化するのは正しいです。しかし赤軍派になってからの自己の総括も対象化する事も絶対必要です。昨年の四月頃、自分が、自分の方針を出せない社長のボウ霊に取りつかれているという様な事をいっていた。出すことが社長、RAとの清算でもないし、別れでもない事はこの間十分わかる。真にRAたらんとする道を出している事も。しかし、調書の内容ではないが、全て社長のせいにし、自分は没主体的にしか荒との問題でかかわれなかったといっている。本音だと思う。BUNDの総括もすごく必要だ。しかし、何んでRAにきたかをもう一度とらえて欲しい。

私は社長、自分に、特に自分にオルグされたからきたのではない。4/28の敗北後どうしてもこの壁を打ち破りたかったし、秋蜂起にかけたのである。自分で選んだのです。貴男もそうではないのですか。その点を、個人として、指ド者としても含み提出すべきなのです。心情を押さえているといっていましたね。何故押えなければいけないのですか。ブルジョア的な考え方です。自然に自己が考えている事をかけばあんなドギツイ言葉はかけないはずです。自分は表向きはソンな人柄にとらえられがちです。しかしすごく人間的なのを、私は知っています。この事を何故かくすのですか。心情論で云々といっているのではない。でも人をあの様な形で、辞任、等々は決していうべきではない。[註1]　続く

高原浩之による補註

註1　大菩薩被告グループは接見禁止でないので自由に意見を発表できた。しかしハイジャック被告グループは接見禁止が付いており弁護士以外とは接見できず自由に意見を発表できない。そのイライラから政治局員辞任と口走ってしまった。

一九七一（昭和四六）年七月五日　郵便書簡・横書き

今迄主張してきた事を全く清算するという事はしないといっていましたが、できるなら自己批判を媒介にして豊かな内容としてもう一度主張点を明確化すべきです。そして理論闘争として準備し、それが純化したら、明確に党内闘争に至るでしょう。外では、No.８に対する批判という、清算に近い内容としての考え方もあります。しかし、こう少ない人間しかいないという、憂うべき状態ですし、仲々対象化できないです。でも着実に軍事闘争をやり抜きながら、試行錯誤をくりかえすという事は確認しています。故に悪くすれば、獄中党にもなるという危険性はあるし、種々な形での解党主義が生れるでしょう。これとは闘わねばならない。その中での獄中者のゴウマン性は絶対許すわけにはいかない（自分、社長も含めて）。手紙の内容を踏えて、見解の相違があるなら出し、相互批判を乞うといったやり方でやれば、絶対、タマシイもよみがえるでしょう。兵士としての思想性をもった兵士からの手紙は勇気づけられるし、又、受けとめられる。しかし、文官といって居直った文官からの便りは生きていない。結論的にいえば、自分はＲＡか関西Ｂかという事を決めるべきだし、ＲＡだという事を自信を持って語れる兵士になって欲しい。

ドスケは静かに去っていった。自分と同じ矛盾を持ちつつ、でも自分は囚れているから去れない等といった考えは持たないでしょう。第二次Ｂの重荷を持って、真のＲＡを再生すべき、ドスケ、その他の分までも含めて立ち直って下さいね。

私も再度ここの中から飛躍したいし、私で役立ったらいくらでも力をかします。69年秋、ボサツの消耗から立ち直れたのも一面では自分の力です。しかし自分は幾度となく変質したのも事実ですが、この責任は私にもあります。現実的に言えば、私は今、すごく自由です。居直った自由ですが。でも本当の自由を得るため、運動、自分、その他の関係で、自由をさがし出します。

外との関係で種々の規制を受けるが、いづれ近いうちに私の飛躍すべき場が決まるでしょう。それ迄に赤い糸をお互いがつくりだす為に、相互点検をしたいと考えています。

退廷問題は考えすぎですよ。でも前の手紙で書いてある通りの事ですし、あまり気にしないで下さい。（家では心配するので、この手紙は保坂さんの所へ）それから所信表明書き直す気持があるなら、又送ってきて下さい。元気を出して、がんばってもらわないと……
返事まっています。

7／5　　みえこ

一九七一（昭和四六）年七月六日　郵便書簡・横書き

つづき　この前の手紙

単にRAの敗北、破産は社長個人の問題でもないし、総体の問題であり、指ド的立場にいた人間、自分も含めての総括問題なのです。故にRAの批判的総括をやるのも良いでしょう。しかし、成果は成果として認めるべきです。川島がいっている内容もわかります。しかし彼はすぐいろんな人に迎合するくせがあります。その点を踏まえてBUNDの体質を知らない、経験がないということは間違いですし、そういう人まで包摂して陣型をつくらない限りダメです。今問われていることは、軍事闘争を永続化しながら組織をふやす、つくるという事です。その点の視点は自分のも正しいです。しかし前記の内容ではないが、誤解を受け易いのです。

接見禁止の重さで、不自由ですが、内部矛盾として、この点を整理していき、再建問題を主軸にしないという事を確認して下さい。

これ以上いうと、本当にゴウマンですし、どうしてよいやらわかりません。答えは一つ、出したら処分ですからね（官僚的にとらないで下さい）。所信表明迄読んでいませんが、読み次第、又書きます。

裁判では絶対にけんかしないで下さい。個性豊かな人間ばかりですし、大変不安ですが、原則的に対立し、小人じみた事はしないように。

社長と自分が以前から宿敵とかかいてあったが、心あるならば、これからの問題として、明日の世界の事として対応して下さい。

むやみなレッテルはりはしない様、社長にも忠告しました。二人の論争は外と無関係ではないし、それなりに応えていきます。私には40人近い赤い子供達がいますが、自分みたいな人間はいませんよ。

※前の続きです。よんで下さい。

自己批判の手紙うけとりました。又、接見の時、元気がない様子で少し心配しましたが、内容を読んで大体わかりました。

冷たい言い方ですが、要は一回、根底的に自分を見つめる事が必要なのです。私も含めて。自分が素直な気持で書いているという事は十分わかってもらえるし、もう一回新しい団結が勝ちとれるのではないでしょうか。一朝一夕に払拭はできない、しかしその作業を公判闘争でやるという意識性を全面に出す。自己との闘いですが、自分ならやれると思うし、絶対再生して欲しいです。単に自分個人という問題ではないですし、ＲＡの結成以来我々が持っていた体質の悪い面の表象が自分に表現されているといってもいい過ぎではないでしょう。しかし、自分が何故ＲＡにきたかという事を、しんしな気持で文章化して下さい。その上にたって、関西Ｂ、荒との問題を設定すべきです。

一九七一（昭和四六）年七月二十七日　葉書・縦書き

取り急ぎお知らせします。

全面解除になった為、手紙の連絡先は（東京都港区西新橋二―六―八　浅野ビル内　Ｑ援連絡センター気付　萩原美樹宛）です。

　この間の件に関して、私も忙しく、なかなか手紙をかくひまがありません。しかし、きちんと整理して近日中に送りますので、読んで下さい。22日の総括もかきますので、４人を含めてしんしな総括を提出すべきだし、こと４人のとった態度はナンセンスです。[註2]　みえこ

高原浩之による補註

註2　「ケンカ」になったのは連合赤軍事件の後、よど号H・J裁判は塩見と高原・上原・川島に分離した。

一九七一（飽和四六）年八月二十二日　封書　便箋7枚

返事が遅くなってごめんなさい。この所いろいろとゴタゴタして、消耗していましたが、元気になりました。手紙全部読みました。感想といっては変ですが、良い線をいっているのではないでしょうか。まとめる意味で箇条書きになりますが、許して下さい。

・川島問題

彼の言っている意味は良くわかります。でも極めて非生産的で清算的です。オヤジ―高原―私とを正に串刺してBUNDの残滓、他は良い部分等と良くいえるものです。獄信の巻頭文書の内容を良く汲み取って欲しい。オヤジこそ昨年の六月以降試行錯誤しながら一番がんばっている人だし、7・6の逃亡をしんしに総括して活動している人間です。私の事をBr分子ときめつけるごうまんな態度は断乎許すことはできない。以前の自分が権威主義的であった様に川島も又裏返しの権威主義です。

H・Jの4人は如実にBUND－RAの体質分岐点であるし、この間のMの部分の総括は規律、思想、政治性を求めた内容で展開してきている。私にはMの部分の人達の手紙は素直に受けとめられる。しかし、H・Jの4人は苦痛です。それは取りも直さず、自分自身をも問いつめている事なので。でも杉下は「ボサツ、H・Jの連中はカッコイイことといっている、獄外に出てきたら何んにもしない」（ボサツの連中にいった言葉）「中に入っている人といくらエラクても、出てきたら、一兵士」だと。私はいいみでは、その通りだと思う。獄中党の問題、解党主義、矛盾の止揚の運動＝自己改造等、中にいると観念の整合性が強くなる。――しかし、絶対にゴウマンになってはダメである。川島は現実主義者のゴウマン性がプンプンしている。でも良い面で受けとれば、川島自身何故RAにきたかを未だ切開していない為、他人を対象化して掘り下げようとしている姿勢ではないかとうかがえる。そういう意味なら私も川島その他の人達、人民の為に力石徹（あしたのジョー）になるつもりです。でももう少し生産的になって欲しい。

獄信問題、Q対とのゴタゴタ、私にもわかりません。でも獄信に最初は入れるつもりで依頼したのです。でも上からカットせよと社長と高原だけで良いときたためボツになったのです。私は高原のもカットすべきだと主張し、問題の整理の仕方として巻頭の文書は良いが、何にもブルジョア的にまとめるということは絶対にしていないですし、社長だけになったのです。川島の路線問題の核はどこだか、いくら読んでもわからないです。しかし、質の問題は全面的に受けとめている。私と自分にふれた手紙にあれやこれや書いてあったが、川島が子分と思っている（昔の）人間は全部つぶれた。川島自身、高原がよくないと批判しているが、自分も指ド者であったという総括をやるべきだし、私はそれをききたい。

Ｈ・Ｊ４人の意志一致として彼れの問題は考えている為、単ぱつ的には対応していません。整理がつき次第、この間の総括として４人にレジメを送ります。一読して下さい。

・自分の事

先述した通りＨ・Ｊ４人の質の問題は一番古くからいる私にもあてはまるし、自分と相互点検しようと方針を出した。しかし、この間いろいろとショックが重なって総括できない状態だったのです。４・８相田が消えたこと、その他。でもはっきりいえる事は、私とあなたとは相対的独立の関係だし、私があなたを選んだのも自分の意志。でも総括できないのが今の私です。政治的には革通的だという共通点はあったとしても体質的に違うと思う。私は十二日で25才。これからは自分の好きな事をやろうと思う。今まで私はＢＵＮＤの造られ人間の様な気がしている。私としてはその意味では表裏一体の構造でした。

自分を何にかにキカ〔帰化〕してしまう体質を止揚して、素直な、いじを張らない女性革命家？になりたいと思っています。自分と一緒になったのはそういう意味で人間らしくなりたいと思ってした事が（いままで押えていた）結果として表われたのです。私は一見すごく強い人間にみえるらしいです。でも私ほど弱い人間はいないし、フーがその点一番理解してくれていました。ショックもあったけど、あなたと点検しあうことはナメ合う様な気がしてイヤダという意識もありました。しかし、良い意味でも悪い意味でもお互い反面教師ですし、この作業は続けていきたいと思っている。女性革命家には必要十分条件ですので。でもあなたとの間を固定的には考えられないし、あなたもそうだと思う。関係を意識できる限り、わたしはそれにも全力を注ぐつもりです。

・あなたの事

自己史の総括とてもしんしな気持が良く表われています。獄中で自己批判する事は結果として坊主ざんげ的になりがちですが、内容は充分受けとめられるし、他の人達も受け入れられると思っています。4・8に関してQが個人にたんらくさすのは絶対ナンセンスと言っています。その他は彼れがいっていることは支持すると。私と同じ考えですし、自分もそうだと思う。

でも何故階Q闘争をやるのかという切開が欠けているのではないでしょうか。それをせずにやれ○○主義○○主義といっても、形式的になる。左派〔革命左派〕の人達はとてもおおらかです。何にか強い支柱が彼らにはある。毛沢東思想の哲学的なものかもしれない。

我々は、外にいる部分の人々はとてもみにくい。腹のさぐり合いみたいな感じもする。H・Jの四人も、もっとおおらかになって欲しい。その中から自分の体質を止揚する作業を続けるべきです。

私は自分にひきまわされた等の総括はしていないし、今こそ自力で飛躍しなければいけないと考えている。自己批判はその人の強さも、弱さも同時に表現される。自分の良さまで消してしまう総括はよくないし、誤りは誤りとして素直に認められる人間になって欲しい。私宛ではなく、早急に全同志宛の自己批判を出して下さい。外にいる部分の良い教訓となるでしょう。

・路線問題

この間の基軸は巻頭の文書である。合同問題について危惧があるとの事ですが、P―Aの合同であって、第二次Bの様なフラク形式ではない。彼らの反米愛国の戦略についてはプロ独、権力闘争という視点で包摂し得る。

つづく

一九七一（昭和四六）年十一月二十五日　手紙　便箋5枚

久し振りの手紙になった事を、本当に自己批判します。〔中略〕

この間、手紙を書かなかった理由をまず明らかにしたいと思います。私からの提案―返信という内容で、貴方の自己批判を含めて私への批判という内容で終ったと思います。最後の手紙の内容は、全て自分〔高原〕の言っている内容で正しいと思う。しかし、あれは理想からの内容であって、現実はどうかというと、具体化がせまられる。又、私が明確な総括を出し切れていない事が痛感させられた。又、書けないという理由だったのです。

自分〔高原〕が指摘する事は全て正しい。私の批判なりに謙虚に答えているし、又、私の問題としては、赤軍女性兵士として、内実を伴なう兵士として、徹底的に自己改造していく方向が問われている。具体的な実践、生活の中からしんしに対応し、身をもって変えていきたいと考えている。

この前の手紙は一側面であると批判していると思うが、私は、再度総括をする意味での一側面を掘り下げてみたい。このことをしない限り、貴方のいう様な人間味のない政治になってしまう危険性を多分に持たざるを得ないと思っている。「あなたと何故結合したのかという事である。」

人間という居なおりから出発した原点は、もろくも自分〔高原〕との結合で破産した。又、破産を積極的に取り入れもした。何故、人間という原点になったかといえば、一つには、母の強さがあまりにも大きく私にうつった事、二つは、大学一年の時の失恋が起因している。故に、女一人でもやっていける生き方、解放される、する、強い人間になりたい為、活動に入ったのである。高校卒業して、会社に入った私は、K主義〔資本主義〕社会の矛盾の断片ではあれ、Prの矛盾を体験し、日韓〔日韓闘争〕の国労、動労のデモに感激し、高校時代に潜在的にもっていた政治意識が爆発し、学費闘争を契機に本格的な活動に入ったのである。その過程で、人を愛する、包摂する、憎む事等は、頭の中にあっても、現実的にはその中から逃げてしまう、自分のいたらなさとして逆規制して総括してしまったのである。これこそ総括とは言えない代物だが。人間らしい生き方を欲しているとは裏はらに人間味のない政治しか提起し得なかったのは事実です。７／６以降の明治の後退を強いたのは私の責任です。秋蜂起―死の決意、７／６の敗北等、生きる為のプロ政治を出し得ず、ジョーと力石徹の弁証法的関係（例え）も明らかにせず、力石徹のみを追ったのです。〈秋は死ぬ〉この事を前提としたからこそ、いままで切り捨てていた女としての自分を一回で良いから体現してみたかったのです。それが貴男との結合であり、女としての自分を徹底的に追求してみたかったからこそ、10／21前に、貴男の踏み台になる事を約束し、パクられた後の対応↓なし崩し的なＲＡとの関係であり、妊娠という事態を迎えるとあなたも知っての通りの結果しかつくり出せなかった。一貫して自己ほしんが先に立っているのです。

ボサツの敗北は、良い意味でも、悪い意味でも、あなたとの結合を通して敗北後立ち直れたと思っている。〈死〉を前提とした結合は、生きた事により、更に自分では何が何だかわからない程複雑になったのは事実でした。これを切開せず、又もや政治にかりたてたからこそ、「中性の怪物」としての答しかでなかったのです。

人類には男と女しかいない。人間らしくという事は、女らしくという事ではなく、現実に女であるならば、その女が体現できる可能な限りをついやす事が人間らしくという事につながるのではないかと思っています。自分〔高原〕との結合により破産は宣告されたが、なすべき方法、努力をしなかった点にこそ問題があったと総括している。なすべき方法が、自分〔高原〕との関係を維持か終えんかというのではなく、私自身の改造のバネとしてあなたとの関係をとらえたいと思っています。

　私自身もう一度産まれ変りたいと思っている。赤軍兵士として未だ不充分な私であるが、あとで書く政治内容の論争点に於いても、自分の核心を持ちえる主体としてかかわっていきたいと思っているし、全力を挙げてがんばっていきます。

　今、外で論争している問題点を少し書いてみます。

　総じて、この間の武装闘争の昂揚の中で「一発もうたずにまず完全なＰ－ＲＦを結成せよ」という見解や「民兵を数多くつくれ」という「民兵主義」等の左右の日和見主義があり、これらと闘う中からゲリラ戦開始への集中―政治、軍事能力の向上とゲリラのへゲからのＲＦ建設の開始を始める事として考えている。

　大きくは、①・最初の本格的ゲリラ戦の開始―それへの集中
　　・党員の all fighter 化
　　・カードル養成
②ゲリラ戦の連続化、ＲＦ建設の開始（指導センターの建設）
③ゲリラ隊の拡大、ＲＦでのプロの獲得（萌芽的生産点武闘の開始）
④ゲリラ隊の蜂起軍への再編、ＲＦの地方軍、民兵への再編
⑤全人民蜂起→反米帝ＲＷへの

第一段階、端緒期にやっとさしかかったことである事を強調しなければならない。6／17以降、爆弾闘争の連続化、9／16成田の㋖〔機動隊〕セン滅があるが、中核などの自然発生的暴動主義―無政府主義は許しがたい誤りを犯しており、何かしら、本格的RW時代と錯覚し、この武闘を過大評価し、又これに依拠し、これらを統合すれば事足りるとする傾向と闘うことである。この高次な自然発生性の引き上げこそ、我々の課題であり、飛躍の環である。

この為に、我々は、従来からの大衆M主義的武闘の傾向、唯武器的傾向による主体―P・Aの共産主義的変革への無理解、戦術に対するアイマイさ→戦術と建軍の内在的連関、更にその把え返しとしての建党問題への無理解（69年のAは請け負い的技術者集団としてのCCと受動的寄せ集め的な中央軍との分離）としてあった事、それ以降もつきまとったが、これらの内在的欠陥を止揚する事を問われたのであり、やらなければならない事は端緒期を成熟さすことである。

総じて、この間の闘いの中から「軍の性格」が明確になったことである。党の軍人化に主眼を置いたM作戦から、今問われていることは、軍の中の党化としてRWの組織問題である。極たん化していえば、ゲリラが党であり、党がゲリラである。とりわけ、このゲリラの性格は、ゲリラ正規軍であり、セン滅戦を闘う主体であり、これへの集中化を計ることである。ゲリラ戦争の原則は、敵のセン滅、味方の保存、発展であり、高度の意識性、政治軍事性を体現するものとして獲得されねばならない。この発展段階がRWのバロメーターといっても良いだろう。

三位一体説をAの性格とし、これへのもと、隊を多くつくれ等の民兵主義の建軍は一定程度完了した。地方軍をつくれ等の傾向は、RWの組織問題を理解しない代物である。
又、「赤い星」に代表される八木ちゃんの傾向のあてはめ等の、とりわけFの問題に結着をつけることでもあった。P─A─Fという基本陣型のもとがある。P＝Aという一体化を押し進める中で、Fの構造はBUNDの反帝戦線とかわらないものでしかなかったし、「Aの性格」のあいまいさから露呈した組織問題でもあった。我々は、ゲリラ組織の確立から規定し、Fを解散させ、全てをゲリラ組織の下に集中さす方針をとった。この間、これらの問題点をめぐって論争があり、種々な傾向がでてきている。我々は前述の内容でもって整理し、体制をかためようと思っている。

一九七一・一一・二五

高原浩之による補註

当時赤軍派の路線・方針が行き詰まっていた。そこで大菩薩被告グループもいろいろ発言した。私も反省・総括と変更・転換を考え始めた（まだまとまったものではなく思いつき的だったが）。それを美枝子が、組織内で討論する手続きを経ないで提起するのは指導者として無責任であり無政府主義、と批判した。批判はその通りである。加えて女性解放と赤軍兵士の問題を突き付けられた。それへの対応に追われた（美枝子の意志に従うのだが）。総括とか転換は考えられないでいた。そうこうしているうちに美枝子は連合赤軍に参加し、事件になった。

まだ思いつき的であった総括と転換というのは、赤軍派に触発されて関西ブンド系を中心に武装蜂起・革命戦争を志向する勢力が登場した。それと共闘または統合する。これが一つ目である。

もう一つは赤軍派が東京のブンド系学生運動を獲得できなかったこと（→革共同の「反帝・反スタ」に影響された荒＝日向を指導者とする戦旗派に結集）。それを反省し総括する。私はブンドの学生運動の最高責任者＝学対部長であったのでそれはずっと「心の重荷」であった（赤軍派の大部分は「荒＝革マル→日和見主義→終わり！」と切って捨てていた）。

しかし先の事情で途中で思考停止し、その間に事件が起きていた。事件の総括の中で結局は同じ問題が問われた。民族解放闘争から社会主義革命に前進する。中国文化大革命やベトナム民族解放闘争に連帯して日本の革命＝武装蜂起・革命戦争を実現する。「過渡期世界論」と「民族解放・社会主義論」、これが赤軍派の路線で、日本革命の原動力を中国・ベトナムの革命＝外因に求めて日本社会の矛盾と人民の闘争という内因に求めていない。こういう観念論と主観主義は後に連合赤軍総括の中心問題になった（中国文革の破綻―カンボジアのポルポト政権―連合赤軍事件）。今だから言えるが、当時は赤軍派を否定的に総括することはありえなかった。現在は「ソ連や中国は官僚制国家資本主義でありそれがスターリン主義」というソ連論・中国論　これで「反帝・反スタ」を批判できる（そうしないと関西ブンドは東京で通用しない）「心の重荷」からは解放されている。

なお遠山がここで提起している婦人解放の問題については、高原浩之「婦人解放についての三年後の返信」（『私だったかもしれない』収載）を参照されたい。

IV

半世紀の時を経て

吉野雅邦

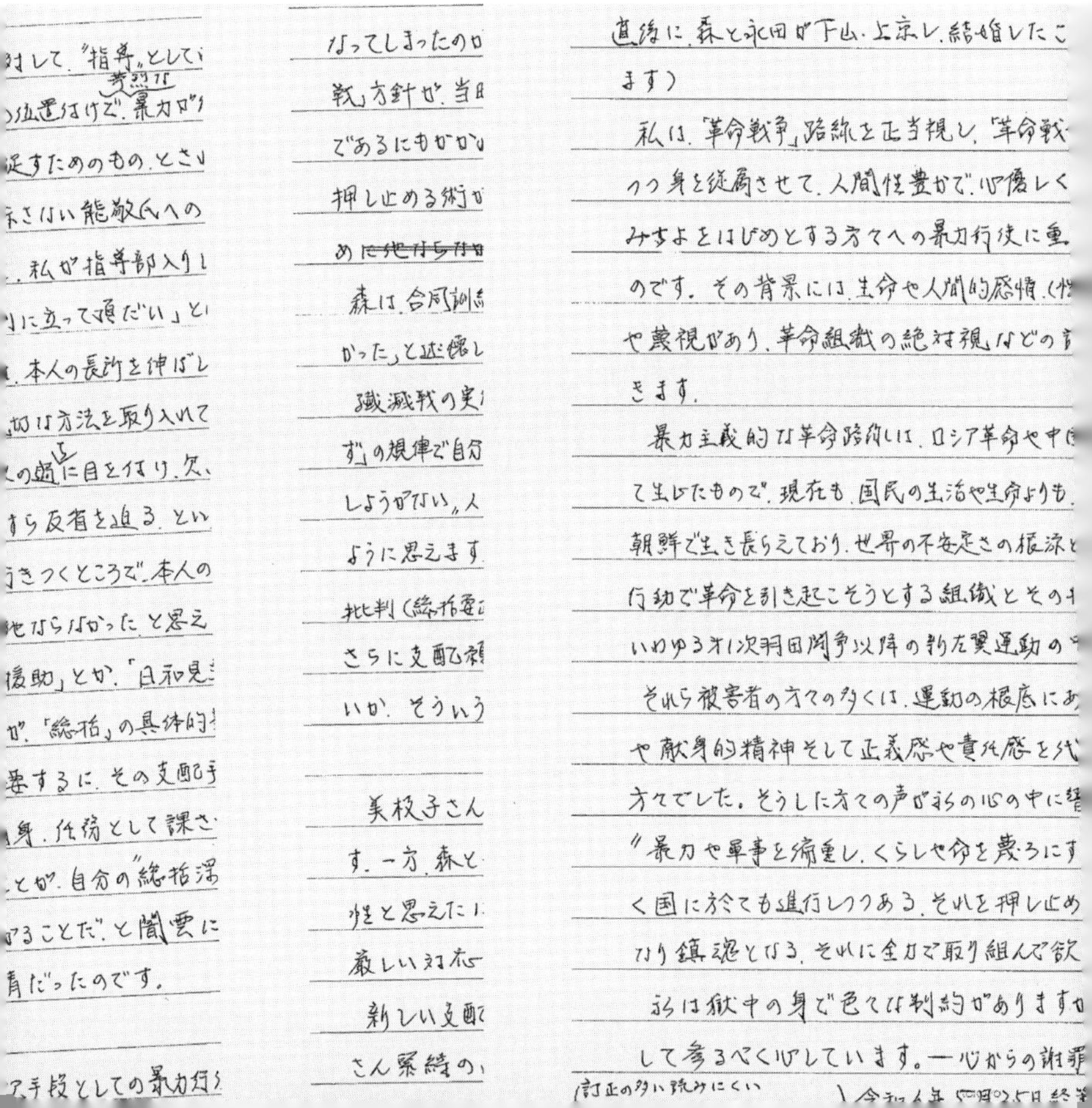
対して、"指導"として
の位置付けで、"暴力"が
促すためのもの、とさ
示さない能敬氏への
。私が指導部入りし
引に立って頂だい」と
。本人の長所を伸ばし
適切な方法を取り入れて
その過ちに目を付け、欠
すら反省を迫る、とい
行きつくところで、本人の
他ならなかった、と思え
援助」とか、「日和見
が、「総括」の具体的
要するに、その支配手
身、任務として課さ
とが、自分の"総括深
することだ、と闇雲に
青だったのです。
ア手段としての暴力行

なってしまったのか
戦」方針が、当日
であるにもかかわ
押し止める術が
め ~~に他ならない~~
森は、合同訓練
かった」と述懐し
殲滅戦の実
ず」の規律で自分
しようがない」人
ように思えます。
批判（総括要
さらに支配観
いか、そういう
美枝子さん
す。一方、森と
性と思えたに
厳しい対応
新しい支配
さん緊縛の

直後に、森と永田が下山、上京し、結婚したこ
ます）
私は、「革命戦争」路線を正当視し、「革命戦
つつ身を従属させて、人間性豊かで、心優しく
みちよをはじめとする方々への暴力行使に重
のです。その背景には、生命や人間的感情（性
や蔑視があり、革命組織の絶対視などの
きます。
暴力主義的な革命路線は、ロシア革命や中国
て生じたもので、現在も、国民の生活や生命よりも、
朝鮮で生き長らえており、世界の不安定さの根源と
行動で革命を引き起こそうとする組織とその
いわゆる第1次羽田闘争以降の新左翼運動の
それら被害者の方々の多くは、運動の根底にあ
や献身的精神そして正義感や責任感を代
方々でした。そうした方々の声が私の心の中に
"暴力や軍事を偏重し、くらしや命を粗末にす
く国に於ても進行しつつある、それを押し止め
なり鎮魂となる、それに全力で取り組んで欲
私は獄中の身で色々な制約がありますが
して参るべく心しています。一心からの謝罪
訂正の多い読みにくい

半世紀の時を経て　吉野雅邦

二〇二四年五月二五日

四月一二日の朝日新聞夕刊の森下香枝記者による記事を拝読して、最も驚き、また嬉しくありがたく思いましたのは、遠山幸子様が一〇〇歳にて御存命であられることを知ったことでした。その時から何とかして遠山様に現今の自分の思いをお届けできないか、と思案を巡らせておりました。

高齢者介護施設に在所中の兄とのテレビ電話（WEB面会）＝4／18、おせわになりました介護長さんへの御礼状（4／22）、古畑先生への御礼と御報告（4／24）、そして一〇ヶ月に亘って熱意と御温情の込もった御手紙を頂き続けた支援者の方との初面会（4／26）……そこに連休が加わり、発信指定日が減少という事態も重なって、結局このような時期となってしまいました。

今回の刊行が幸子様や姉上様の御手になることから、私の御返事は、美枝子さんへの改めての謝罪や追弔、供養の思いや御遺族へのお詫びや慰謝の思いを込めたものとしてお届けさせて頂きたい、そうであらねばとの気持も積もってのことでした。

ゲラ刷りをお送り頂きましたかつての拙文は、私なりに真剣に思索を重ねた内容で、真実のものですし、それは私にとっても読み返す価値のあるものと思う反面で未だ掘り下げが浅く、自覚も不十分な内容ですので、その補正も念頭に、以下改めまして、謝罪と追弔の思いをお届けさせていただきますので、どうかよろしくお願い申し上げます。

私が美枝子さんに初めて出会ったのは、「合同軍事訓練」（七一年一二月上旬、新倉ベース）の場でした。革命左派側では、既に六ヶ月間の山岳生活を経ており、特に女性陣は化粧やオシャレなど「軍」の兵士としては不要な習慣を捨て去る〝訓練〟を重ねてきていました。そのため、美枝子さんの第一印象としては〝山にハイキングに来たオシャレなＯＬ〟で違和感があったのが事実です。逮捕後判ったのは、美枝子さんは公然面の救対活動に従事しており、この入山も一時的で訓練後は再び元の部署に戻る予定だったことです。しかものちに起きた事態（汚れ切った衣類が異臭を放って通報逮捕された）を考えると、この〝ＯＬ風〟の服装こそ適切だったことに今気付きます。社会から、また大衆的生活から隔絶、遊離したこの山岳生活こそ異常極まりない空間で、いわば空想的な「革命戦争」意識を保持し、錬成するためには、そういう特殊な環境が必要だったのだ、と思います。

特に革左側では、この四ヶ月前に山岳ベースから離脱した男女二人のメンバーを制裁的に殺害していました。山の生活に耐えられない者は、もし逮捕された場合、黙秘できず自供してしまうことを恐れ、その防止のため、との理由もあってのことでした。

永田を中心とした革左側から行った三枝子さんへの批判は、こうした背景のもとでのことでした。しかし、永田の執拗な難詰には、別の大きな面が影響していました。

それは、革左の獄中最高指導者川島豪との間の亀裂が深まり、永田には依拠し得る別の理論的指導者が必要不可欠となっていたことです。永田は川島との連絡役を担う中で、その威光を借りて最高指導者に成り上がったのです。その彼女が、「連合赤軍」（当初は「統一赤軍」）を赤軍派（森）に依拠して結成したことから、川島としては怒り心頭で、他方永田の方も、それに反発する、という分裂状況に陥っていたのです。

永田の突出した遠山さん批判の真の狙いは、森の女性観を変革し、自らを対等な指導者と認知させ、統一した指導部（のちに「われわれ」になったと表現）を形成し、綻びつつあった指導体制の立て直しを図ることにあった、そう私はみています。


私はその永田の忠実な部下となり果てて、先の離脱者殺害に加わり、重大な役割を演じてしまいました。その論功行賞の意味も含めてこの訓練の約一ヶ月前に中央指導部の一員となっていたのです（直接的にはやはり殺害に関与した瀬尾氏（仮名）が懊悩の末に下山・離脱し逮捕されるに至ったことから、似た立場にあった私に重い役職に就かせることで離脱の芽を摘む、という目的があったと思えますが）。

そのため、遠山さん批判の場でも、同調してしまったのですが、ひとつ怪訝に思ったことがあったのです。それは私や他の女性メンバーが自らの体験を自己批判的に紹介しつつ、何とか遠山さんに理解してもらえるよう語り始めると、それを永田が制止したことです。

そして自身がまるで追い詰めるような口調で攻撃的な批判を繰り返したため、遠山さんは窮地に陥って森に相談に赴き、結局、森がその批判を受け止めて〝赤軍派全体の問題として応えていく〟との表明をして、一応の収拾に至ったのです。そのため、あとで、先の如く永田の狙いに思い至ったわけです。

最終的には、森が「（遠山さんが）総括できるまでは山から降ろさない」「その総括は短期になされるべき」という永田の要求に応じてこの訓練を終えたのですが、革命左派での下山・離脱者殺害で大きなプレッシャーを感じていたはずの森からすれば、この決意表明は大きな危険を孕んだものとしてなされたように思えます。


それから一〇日程して、赤軍派の森と坂東が榛名ベースに来訪したのですが、そのわずか二日後に、永田から「われわれになったのよね」と同意を促されて、森が肯きました。森にとっても想定外の〝合体〟でしたが、これは永田に求められるままに革命左派の小嶋和子さんへの指導に当った森が、その勢いで永田指導部に対して「意見書」を提出し、〝叛旗〟を翻したメンバーへの批判にのり出し、更に川島路線を徹底的に批判するとともに永田の功績を激賞した結果でした。恐らく永田はこれで川島と決別できると喜び、森を取り込むことに成功したことへの安堵の思いで「われわれ」の確認を迫ったのだ、と思います。

「意見書」の提出に加担するとともに、離脱志向の強かった小嶋さんと恋人関係にあり、さらに一一月の是政アジトでの逮捕後に釈放されて帰山してきた直後だった加藤能敬氏に対して〝指導〟として殴り気絶させ、新鮮な気持で〝総括〟姿勢を獲得させる、との位置付けで、苛烈な暴力が行使されました。いわば意識を覚醒させ、本人の反省を促すためのものとされたのですが、実質的には〝指導〟に従わず恭順さを示さない能敬氏への恫喝であり、制裁の暴力でした。

もともと、私が指導部入りした際に永田が強調したのは、「批判される側からする側に立って頂だい」ということでした。

指導は、本人の長所を伸ばし、その力を発揮するために、本人に適合した指針を示し、適切な方法を取り入れて教え導くことだと今思うのですが、当時の〝指導〟とは本人の過ちに目を付け、欠点や短所を是正させると称して厳しい批判を行なって、ひたすら反省を迫る、という攻撃的なものだったのです。

その行きつくところで、本人の服従姿勢が伺えないために用いられたのがこの暴力に他ならなかった、と思えます。名目上は、「総括（反省）姿勢を獲得させるための援助」とか、「日和見主義と決別するための闘い」と位置付けられたのですが、「総括」の具体的基準は全く示されず、結局、指導者の腹一つでしたし、要するに、その支配手段と化していた、といえます。

私自身、任務として課された暴力行使を、情に流されずに徹底してやり抜くことが自分の〝総括深化〟に必要であり、それが「革命戦士」への飛躍につながることだ、と闇雲に信じて自らを鼓舞し叱咤していたというのが実情だったのです。

支配手段としての暴力行使や、それによるいわば「恐怖政治」がなぜ必要になってしまったのか。それは、「革命戦争」路線や、その実践としての「銃による殲滅戦」方針が、当時の日本社会に全く適合せず、国民生活の実情とかけ離れたものであるにもかかわらず、それに固執した指導部が、続出する離脱者や離反者を押し止める術が見出せず、尚も、その指導（支配）体制を維持しようとしたためではなかったか、と思います。

森は、合同訓練時の狙撃練習で、「標的が警官だと思ったら仲々引き金が引けなかった」と述懐したことがありました。確かに彼の発砲には、ためらいが伺えたのです。

殲滅戦の実行のためには、主体の飛躍が不可欠。そのためには従来のように「べからず」の規律で自分を縛って、「やるべき」意識でめざしても無理で、〝殲滅戦がやりたくてしょうがない人間〟

へ、即ち〝共産主義化〟が必要……そんな意識を森が抱いたように思えます。そして、そうした〝飛躍〟の方法として、彼は永田の実践した〝リアルな批判（総括要求）〟を採り入れ、その模索の果てに、〝分派闘争〟としての暴力、さらに支配願望（保身姿勢）からの暴力と結びつけてしまったのではないか、そういう気がします。

美枝子さんは、森自身にすれば、何ら障害となる対象ではなかったはずです。一方、森との結合をめざす永田にすれば目障りな女性で、排除したい女性と思えたはずです。森はその永田の思いを忖度して、美枝子さんに対して厳しい対応をし始めました。

新しい支配体制たる「新党」の樹立と、ＣＣ（中央委）の選出が、美枝子さん緊縛の直後であったことは象徴的です（のちの金子みちよと死の直後に、森と永田が下山・上京し、結婚したことにも同様の構図が窺えます）。

私は「革命戦争」路線を正当視し、「革命戦士」志向を抱いて、指導者を盲信しつつ身を従属させて、人間性豊かで、心優しく、自主性に富んだ美枝子さんやみちよをはじめとする方々への暴力行使に重大な加担をして、その命を奪ったのです。その背景には、生命や人間的感情（性愛を柱とする愛情など）への軽視や蔑視があり、革命組織の絶対視などの誤てる傾向があったことに気付きます。

暴力主義的な革命路線は、ロシア革命や中国革命を正当視しその踏襲によって生じたもので、現在も、国民の生活や生命よりも軍備を重んじるロシアや中国、北朝鮮で生きながらえており、世界の不安定さの根源となっています。突出した暴力的行動で革命を引き起こそうとする組織とその指導者による犠牲者、被害者はいわゆる第一次羽田闘争以降の新左翼運動の中で頻出しています。

それら被害者の方々の多くは、運動の根底にあった良心や平和志向、連帯心や献身的精神そして正義感や責任感を代表する顕彰されて然るべき方々でした。そうした方々の声が私の心の中に響いてきています。

〝暴力や軍事を偏重し、くらしや命を蔑ろにする政治は、社会運動だけでなく国に於ても進行しつつある、それを押し止めることこそ、私達への慰霊となり鎮魂となる、それに全力で取り組んでほしい〟

私は獄中の身で色々な制約がありますが、先頭に立って、それに尽力して参るべく心しています。

――心からの謝罪と哀悼の思いを込めて――

令和六年五月一五日終筆（一九日起筆）

【補遺】先の御手紙で書き残したことの要点のみ補足させていただきますと―

(1)「弱者連合協議会」（仮称）の創設に貢献したい（贖罪として）。弱者（さまざまな差別や侮蔑を受け、生きにくさを感じている人びと）が主人公として尊重され、〝強者〟の犠牲とならないような社会、国家を建設していくためには、その生きようとする力でつながり結びつき合うネットワークを強固に作り上げていく必要があると思える。その人と人との結びつきの力で、暴力や差別をハネ返していくしかない。そういう一員として、科された役割を果していきたい。

⑵「テロ根絶・被害者支援センター」（仮称）というＮＰＯ法人の創設にも寄与したい。

暴力主義的（軍事主義的）行動路線によるすべての被害者・犠牲者の追悼・供養を柱として、①合同慰霊碑の建立、②慰霊祭の挙行、③テロ的行動の根絶・人命尊重。人間性の尊重などについての広報・啓蒙活動――などを通じて、被害者を支援する活動を追求していきたい。

という自分の課題を終生果たし続けるべく心しています。

解説

母と娘の連合赤軍

江刺昭子

はじめに

本書は、連合赤軍の山岳ベースで、同志によるリンチで死亡した遠山美枝子に関する書簡を中心にした資料集成で、夫の高原浩之が所蔵していた資料（以下、「高原資料」）を中心に編集した。二〇二二年九月、高原から、美枝子の評伝『私だったかもしれない　ある赤軍派女性兵士の25年』（インパクト出版会）の著者である筆者に預けられたもので、美枝子と連合赤軍をより多くの読者に知ってもらいたいという思いが一致して、本書の刊行に至った。編者は資料の中心をなす冊子『供養文』を執筆した遠山幸子《ゆきこ》・江刺昭子とし、構成は以下である。

Ⅰ　「供養文」

遠山美枝子の母である遠山幸子が作成した私家版の『供養文』で、Ａ４判一一九ページ。簡易製本の冊子で二〇部程度、印刷したとみられ、関係者に配布したもので、内容は多岐にわたる。一九七二年三月二一日に群馬県群馬郡倉渕村（現、高崎市）の真言宗蓮華院で、殺害された一四人を供養した折、住職の沙門賢弘が読んだ「供養文」を冒頭におき、幸子から勾留中の被告宛手紙、被告から幸子宛手紙、被告から他の遺族宛手紙などで、全て幸子が手書きで転写したものである。最後は、一九七三年一二月七日、群馬県前橋地裁における水野正男裁判長談で、一年九カ月間に及ぶ期間の資料集である。時系列ではなく、アトランダムに並べられている。

Ⅱ　「供養文」拾遺

「高原資料」の中には、Ⅰに採録した手紙の原文及び原文コピー（全部ではない）のほか、Ⅰに採録されていない幸子宛手紙や、『獄中通信』など各種印刷物に寄稿された関連文書の原文及び原文コピーがある。その中からⅠに関連する文書を選び、「拾遺」とした。拘置所で美枝子の死を知った直後の高原から死んだ美枝子に宛てた手紙二通、「高原資料」に含まれていないが、遠山美枝子を追悼する「連合赤軍問題を我々の手に」の会報の記事も加えた。

Ⅲ　遠山美枝子書簡

「高原資料」に含まれている遠山美枝子から夫の高原宛手紙一〇通、美枝子からレバノン・ベイルート在の重信房子宛手紙二通で、差出人は、美枝子の組織名のMieko OkadaとYoshiko Okadaになっている。この手紙は、美枝子死後、重信から母幸子宛手紙に同封して送られたもので、検閲を考慮して関係者名などを黒塗りにし、一部破られて判読不能の箇所があり、非合法活動中の緊張感がうかがえる。

Ⅳ　半世紀の時を経て

本書編集にあたり、無期懲役刑で千葉刑務所に服役中の元連合赤軍兵士・吉野雅邦からの寄稿文である。

Ⅰ　遠山幸子と美枝子

三姉妹を育てたシングルマザー

遠山美枝子の母で、『供養文』を編んだ遠山幸子《ゆきこ》は、一九二四年一月三日、大阪市船場に生まれた。父親は理髪店を営んでいたという。大阪府立大手前高等女学校（現、府立大手前高校）に学び、卒業後は大和銀行に勤めたが、大阪はしだいに空襲が激しくなり、父親の実家で、祖父がブリキ屋を営んでいる石川県金沢市木倉町に疎開した。学業を終えた未婚の女性が遊んでいるのは許されない戦時下で、徴用されて事務の仕事をしているとき、遠山忠男と出会い、結婚した。

忠男は、横浜市本牧荒井の出身で、一九二一年一月一日生まれ。横浜市立横浜商業学校（通称、Y校）を出て麒麟麦酒株式会社に勤めたが、軍隊に入り、金沢に滞在していて幸子と知り合う。どちらかの親が反対したのだろう。高原が美枝子と結婚する際、反対する幸子について、「お母さんだって駆け落ちしたんだから」と美枝子が高原に話したという。

戦後、忠男は麒麟麦酒に復職し、四六年八月一二日に双子の姉妹が生れた。美枝子は次女になる。出産のため幸子は金沢の実家に帰ったので、美枝子の出生地は金沢市ということになる。ゼロ歳のうちに鎌倉市材木座の家に戻り、その後、東京都目黒区柿の木坂にある麒麟麦酒の社宅に移った。ここで三歳年下の妹が生まれた。

五一年一〇月二〇日、父忠男が、大阪出張中に酒を飲んで階段から落ちて亡くなった。三〇歳で、美枝子が五歳のときということになるが、幸子が「娘が六歳のとき亡くなった」と複数の被告（青砥、中村）宛手紙に書いているのは、数えの年齢であろう。姉は、柿の木坂の社宅で行われた葬儀の記憶はわずかにあるが、父に関する思い出はほとんどないという。

社宅は出なければならず、幼い娘三人を抱えた幸子は、親戚に頼んで横浜市中区千代崎町一丁目一番地に家を買った。ここで幸子はしばらく桜木町の野村證券に勤めたが、まもなく亡夫の勤め先であった麒麟麦酒から声がかかり東京京橋の本店で庶務の仕事についた。亡夫の関係もあって幹部クラスの社員と交流があり、達筆であることから、私的な挨拶文などを頼まれることが多かった。きびきびと仕事をこなすだけでなく、面倒見がよいことから若い人にも慕われたという。

千代崎町の家で三姉妹の面倒を見たのは父方の祖母だが、幸子はしっかり者の美枝子を頼りにし、金銭の出入りや家事を任せた。幸子は金融機関に勤めた経験からだろうか、金銭感覚にも優れていて、利殖に力を発揮したようだ。自宅敷地にアパートを建てて借家人もおいている。気さくで包容力のある人柄から、美枝子姉妹の友人たちが入れ代わり立ち代わり遠山家に出入りしている。重信房子や上原敦男が幸子宛手紙で「おばさん」と呼びかけているのは、明治大学のサークル時代、遠山家をしばしば訪れて泊り、家族のような関係だったからだ。

母の苦労を思いやって

美枝子は、働きながら三姉妹を育てる母を見て、思いやりのある娘に育ったようだ。近所に住んでいた友人は、「自分の考えを言わないし、感情も出さない。喧嘩しても我慢する。母親代わりで中学、高校まではすごく抑圧されてた」と話している。

横浜市立北方《きたがた》小学校から仲尾台中学校に進み、高校進学にあたり、双子の姉は私立大学付属高校を選んで電車通学をしたが、美枝子は徒歩で通える県立横浜緑ケ丘高校に進んだ。母の苦労を見ての選択だった。高校の同級生たちも、おとなしくて、目立たない存在だったと口をそろえるが、高校時代から潜在的に政治意識を持っていたと高原宛、最後の手紙（七一年一一月二五日付）で打ち明けている。

一九六五年に高校を卒業したのちも大学進学をせず就職したのは、おとなしいが、自分が進む道は自分で決めるという強い意志が感じられる。就職先は、かつて父が勤め、今は母が働いている麒

明大法学研究会仲間と。遠山美枝子は前列左端

麟麦酒の京橋本社。事務職で一年働いたのちの六六年、働きながら明治大学二部法学部に学ぶ道を選んだ。高卒では職場でも単純事務しかさせてもらえないが、大学で学び、専門職をもって自立する道を目指した。

政治の季節であった。一九六〇年には改定日米安保条約に反対する一大国民運動が起こり、デモ隊が国会を十重二十重に囲んだ。学生は共産党から分かれ前衛党を名乗る共産主義者同盟（ブント）が指導する全学連主流派がラジカルな実力闘争を展開し、六月一五日には国会構内に突入、機動隊と衝突して東大生の樺美智子が殺された。

改定安保を阻止できなかった全学連主流派は、安保後、いくつものセクト（党派）に分裂し、運動はいったん沈静化したが、二年後には大学管理法案（大管法）に反対して再び勢いを増す。この年に京都大学に入学した広島県出身の高原は、この運動に投じて、のち塩見孝也らとブント全学連の再建をめざすことになる。

一方の美枝子は、六五年から始まった日韓基本条約締結に異を唱える労働者たちのデモに感激して、政治意識が「爆発」した（前記、高原宛手紙）。ベトナム戦争が始まったのも同じ年で、ベ平連（ベトナムに平和を！　市民・文化団体連合）が独自のスタイルの市民運動を展開していく。「昭和元禄」と謳われた高度経済成長真っただ中、新幹線が日本列島を走り抜け、東京オリンピックが開催され、ミニスカートが闊歩する街に、シュプレヒコールと「インターナショナル」がこだまする。美枝子が神田駿河台の明治大学の門をくぐった頃は、混沌として熱気に満ちた時代だった。

政治意識が爆発して

大学では学費値上げ反対闘争が沸騰。慶応、早稲田に続いて明治大学でも学生が立ち上がり、自治会と大学当局との交渉が決裂すると、一九六六年一二月には机や椅子でバリケードを築いて大学を封鎖した。その熱気の中で、一年間に過ぎないが社会人を経験した美枝子の行動は積極的だ。サークルの法学研究会に入るとともに、志願して二部の研究部連合会の執行委員になり、バリケードの中の自主講座に参加したり、学外に出てジグザグデモもする。家庭や会社では得られない解放感や高揚感があったことだろう。

　バリケードの中で出会ったのが一年先輩の重信房子。すでに周囲が一目置くリーダー格で、二部の自治会を動かす力を持っている。二人は意気投合し、やがて堅いシスターフッドの関係を築く。運動に消耗しきっている最後の年、ベイルートにいる重信宛手紙に「一番好きなのは自分、次にフー」、「私の弱さなり、生き方を理解してくれているのはフーだけ」と書き、「愛するフーへ」と航空便を結んでいる（七一年四月一七日、五月二一日）。

学費値上げ反対闘争は学生側の敗北に終わったが、六七年春、重信、遠山、上原、蔵本健ら二部学生が現代思想研究会（現思研）を作った。サークルの装いだが、前年に関西の活動家を中心に再建された第二次ブント傘下の学生組織、社学同（社会主義学生同盟）のフラクションの位置づけだ。昼間は働き、授業に出たのちの午後一〇時頃から終電までのわずかな時間に部室で学習会をしたり、ビラやタテカンを作る。炊事道具を持ち込んで簡単な食事を皆で囲む家族的な関係で、横浜の遠山宅に泊まりに行く者もいる。美枝子の姉は私立高校から系列の大学に進み、日本共産党の青年組織である民青（日本民主青年同盟）に属し、同志と結婚するから、その仲間たちも出入りしており、外では激しく対立しているブントと民青の活動家がここでは仲良く同居していたことになる。

この頃から新左翼のセクトは武闘化していく。六七年一〇月八日には、佐藤栄作首相の南ベトナム訪問に反対した羽田抗議デモで京大生山崎博昭が死んだ。警察側の弾圧がより暴力的になったのに対抗して、ヘルメット、石、角材が闘争の武器として本格的に登場した。このとき重信は怪我をした学生を車で医療機関に運ぶなど救援をしており、ゲバ棒を持って前線で闘うのは男、救急箱を抱えて後方に位置し、救援するのは女という役割分担が明確になってくる。

社学同からブントへ

再建された第二次ブントは関西が中心で、京大、同志社大、立命館、大阪市大などの学生が大挙して上京したのは六七年秋。高原も学生対策部長としてその列の中にいる。東京の大学はすでに革マル、中核などのセクトが勢力を張っていて、穴場だった明大がブントの拠点校になり、学生会館に寝泊まりし、次つぎと起こる政治闘争に学生たちを巻き込んでいった。

原子力空母エンタープライズの佐世保寄港、東京北区の王子野戦病院設置、成田空港建設などに反対して学生たちが現地に集結し、機動隊と衝突した。遠山や重信も現思研の仲間とデモに参加して機動隊に追いかけられたり、援農と称して三里塚の農家に泊まり込んだりしている。この頃はまだ闘争を楽しむ余裕があったようだが、美枝子は会社勤めを約二年で辞め、生協のアルバイトなどをしながら学業と運動を両立。家を離れて、大学の近くに下宿して重信と共同生活を始めた。

ノンセクトの学生たちも全共闘運動に集結する。東大医学部の研修医問題で東大闘争、大学の不正経理をめぐって日大闘争が始まり、六九年一月には東大安田講堂を占拠した学生を機動隊が排除する壮絶な攻防戦が展開された。この攻防戦には新左翼のセクトも共闘し、社学同の行動隊長として明大昼間部中執委員長の米田隆介と現思研の上原敦男は、「安田砦」に最後まで籠城した。美枝子は、「自分が困難な闘いの先頭に立つことをいとわない勇気の持ち主」で、安田講堂決戦のとき「自分も残って闘うというのを帰って、明大の方のことをやってくれと説得するのに苦労したことがあります」（七二年一〇月五日）と上原が幸子に伝えており、美枝子の本気度がうかがえる。結局、このときは明大に戻って学生会館前で集会を開き、中央大や日大と合同して御茶ノ水駅から駿河台下までの通りにバリケードを築いて解放区にし、デモをして気勢をあげ、東大闘争を支援した。

ブントから赤軍派へ

一九六九年四月二八日は沖縄返還・基地反対の沖縄デー。ブントは過激な街頭戦を組んだが、圧倒的な警察力で封じられた。このとき重信は、ブントの軍事委員会の書記局を手伝い、のちに凶器準備集合幇助罪で逮捕されており、この闘争が「私を革命への道に導いた」とする（「佐野茂樹さんを偲ぶ会」に寄せた追悼文）。そして、学生運動の一線を越え、非公然活動に踏みきるとともに、大学を卒業して教師になる夢を諦めたのだという。

敗北に終わった沖縄闘争の評価をめぐって、ブント内が割れる。武装強化で突破すべきと「前段階武装蜂起」を主張する塩見孝也を中心とする左派フラクと、仏徳二《さらぎ》議長らのブント中央が対立、7・6事件が起きた。左派フラクが仏らを襲撃したのだ。怒った中央大グループが塩見らを拉致し、逃げるときに死者も出ており、内ゲバの始まりであるとともに、分裂が決定的になった。

沖縄闘争後、左派フラクの高原らは、ブントの人脈を使って盛んにオルグをし美枝子や現思研の仲間が応じた。それまでは逮捕されて拘置所にいる学生の救援を主に担っていたが、より危険な活動に身をおくことになり、覚悟が必要だ。しかし、美枝子はのちに、「私は社長（塩見）、自分（高原）にオルグされたからきたのではない。4／28の敗北後どうしてもこの壁を打ち破りたかったし、秋蜂起にかけたのである。自分で選んだのです」ときっぱり。自身の選択であったことを強調している（高原宛、七一年六月六日）。「秋蜂起」とは武装して首相官邸を襲い、革命を起こそうという計画だ。

三里塚にて。後列左から遠山美枝子、重信房子、前列左から２人目・森恒夫

ブントから除名された左派フラクは、八月には赤軍派結成総会を開き、九月五日の全国全共闘大会に飛び込んで公然と赤軍派を名乗った。中央政治局員は塩見、高原、田宮高麿、花園紀男、堂山道生、上野勝輝、八木健彦の七人。結党まもない六九年秋には、大阪、東京の警察署や交番に爆弾等で攻撃をかけようと計画したが、多数の検挙者、容疑者を出し、失敗に終わった。さらに一一月には、美枝子の手紙にたびたび出てくる「ボサツ」、すなわち大菩薩峠事件が起こった。軍事訓練のために山梨県の大菩薩峠近くに集結していた赤軍派メンバー五三人が一斉逮捕された。首相官邸襲撃を計画した訓練だったが、逮捕者には政治局員四人も含まれている。

その直後の一二月、美枝子と高原は横浜市鶴見区のアパートで同棲した。籍は動かしていないが、遠山家も高原家も認めた「結婚」で、他の赤軍派同盟員も美枝子を「高原夫人」と認識している。美枝子の仕事は従来からの救援活動に加え、高原の秘書役で文書のガリ切りや電話連絡、共同生活を金銭的に支えてもいる。次いで妊娠、二人で話し合った末に中絶。このことが美枝子に女として、母として生きるか、女性性を否定して男と対等に生きるのかを考えるきっかけになった（高原宛、七一年一一月二五日）。「あなたの踏み台になることを約束し」たことを破棄し、自立した人間として生きる宣言をするが、それは少しのちのことになる。

明けて七〇年三月、赤軍派は日航機〝よど号〟をハイジャック。乗っ取った飛行機で国際根拠地のキューバを目指したが、北朝鮮に止めおかれた。敗北続きの赤軍派としては唯一の成功と評価する声が多いが、警察の弾圧がより強まった。田宮がいなくなり、提唱者の塩見が逮捕され、中央委員四人も獄中で、高原をトップに花園、川島宏らが指導部としてP・B・M作戦を方針化。Pはペガサスで塩見奪還のためのペガサス作戦、Bはブロンコで海外根拠地作り作戦、Mはマフィア作戦で銀行などの金融機関を襲って資金を奪う兵站作戦である。この中で「成果」をあげたのはM作戦のみである。

七〇年六月には日米安保条約が自動延長される。これを阻止しようと、労働組合、市民団体、全共闘や党派の学生らがデモを繰り広げたが、六〇年安保闘争のような盛り上がりには欠けた。そのさなかの六月八日、高原がハイジャック事件の共謀共同正犯容疑で逮捕され、約一年間の接見禁止で、美枝子との連絡が滞る。三〇日には上原敦男も同容疑で収監されている。赤軍派の初めからの活動家はほとんど獄中に奪われたことになる。この状況に見切りをつけて党活動から離脱する者が続出した。

指導部が崩壊しても赤軍派は武装闘争の旗を降ろさない。森恒夫が中央の指導部に加わり、残った幹部の堂山道生（ドスケ）らと打開をはかったが、森と論争になり、武装闘争路線に見切りをつけた堂山が七〇年一二月に離脱。森がトップに立ち、京浜安保共闘（日本共産党革命左派）と接触を始め、「銃による蜂起殲滅戦」を主張するようになる。

男性主導の赤軍派で唯一中央委員になり森指導部に入った重信も森と路線で対立し、密かに進めていた国際根拠地を担うとしてパレスチナへ脱出した。七一年二月二八日、パレスチナ解放闘争の拠点ベイルートで新しい闘いに参加する重信を、美枝子は涙をためて羽田空港で見送った。

「山」に入るまで、「山」に入ってから

高原も重信もいなくなった赤軍派で美枝子は多忙を極める。赤軍派の救援組織であるモップル社の責任者で、これは公然の組織。と同時に公然と非公然を繋ぐ連絡役として集会の場所やアジトを用意しつつ、オルグやカンパのためにしばしば関西に出かけている。塩見、上原（Q）らとの面会

を続けながら、高原が寄稿する『獄中通信』の編集をし、公判も支えている。

美枝子から高原宛、ベイルートの重信宛の手紙は、検閲を意識した、符丁の多いわかりにくい手紙だが、「岡田」という組織名を使いながら、赤軍女性兵士として闘う覚悟が文面からひしひしと伝わってくる。高原宛（七一年五月三〇日）に「7／6からやっている人間は外では私一人、何とも言えない気持ちです」と書いているのは、心を開いて話せる同志がいない寂しさと同時に赤軍派結成以来の同盟員である自負と、何とかしなければならないという責任感が滲んでいる。

重信も書いている（一九七二年四月一九日）。「みえこは口ぐせの様に『どんなに、今の赤軍がだめな指導者でも、赤軍の産みの苦しみを知っているフーとあたしは絶対がんばらないと、獄中の人や、本当の革命に、たどりつかない』と言っていました」。

七一年中の美枝子の行動を最も具体的に証言しているのは共に山岳ベースに入った青砥幹夫（七三年六月一三日）。幸子が調べたが、七一年暮の美枝子の足取りがどうしてもつかめないので教えてほしいと勾留中の青砥に尋ねた（同年五月二五日）のに応えている。一貫して誠実な態度がうかがわれる手紙で、今まで手紙を出さなかったことを詫び、次のように書いている。

美枝子とは七一年二月頃知り合い、行方正時、山田孝、森恒夫の内妻とチームを組んで半合法活動をしていた。美枝子は救援関係、大衆組織へのオルグ、関西の革命戦線のオルグなど。当初は緩やかに、七一年九月頃からは「固いチーム」を組んで、週に二回くらいは会っていた。一〇月頃、革命戦線の美枝子、青砥、行方の三人は、関西委員会のオルグに行くが失敗した。美枝子は有能で優しい人で、相模原の友人の家で手料理を作って食べさせてくれたこともある。この頃には山に行くことは決まっており、一一月いっぱいはその準備に忙殺された。

一一月三〇日の夜、赤軍派の合法メンバー、遠山、山田、行方、青砥の四人は東京を出て、まる二日山道を歩いて一二月二日に山梨県富士吉田市の新倉《あらくら》アジトに着いた。アジトに行くのは「希望」、つまり「山は単に訓練、教育センター」で、訓練、教育ののち、生活と闘争の場である東京に戻るつもりで、山道を歩く美枝子は明るかった。

しかし、山は生活の場で、「個人の兵士化が主要なテーマ」になっていて美枝子への非難が始まったのだという。そして、榛名ベースに移ってから、美枝子がリンチされるのを弁護、救出できなかったことを繰り返し詫びている。

美枝子がどのように総括死に追い込まれたのかは、本書に収録された複数の被告からの手紙に詳しい。食い違う場面もあるが、簡単にたどっておく。

一二月三日、全体会議。赤軍派は森、坂東國男、植垣康博、山崎順、進藤隆三郎と新たに加わった四人。革命左派も永田洋子ら同数の九人。四日、簡単な銃の使用訓練のあと、永田が美枝子の革命戦士としての資質について疑問を表明、五日、永田が成人式のとき母からもらった指輪をしている美枝子を批判したのに他の革命左派メンバーも同調。合法時代と同じ髪型、同じ偽名であること、会議での態度がよくないなど総括を要求。六日、七日は合同訓練。九日、森が美枝子、行方、進藤への批判を継続した。

このあとの一二月中旬の美枝子の動きが不明だ、被告らの手紙に書かれていないし、椎野礼仁『連合赤軍を読む年表』にも一二日に永田、坂口が榛名ベースに戻ったとして榛名ベースでの動きに移り、誰が新倉ベースに残ったのか、赤軍派のメンバーが何をしていたのか不明だ。二六日に京都の赤軍派メンバーが美枝子を京都駅に見送ったと幸子に証言したというが（青砥宛、七三年五月二五日）、青砥はあり得ないと否定している（幸子宛、七三年六月一三日）。

その後、美枝子の動きがわかるのは、坂東國男、山本順一、植垣康博らに連れられて、行方、進藤とともに一二月三一日に榛名ベースに移動したことだ。その日会ったという山本順一の妻の証言からは、元気そうな美枝子の様子が伝わってくるが、榛名ではすでに一二月三一日に尾崎充男、一月一日には進藤隆三郎と小嶋和子が死に、加藤能敬が瀕死の状態で、美枝子は衝撃を受けたようだ。そして二日夜から美枝子への総括要求が始まった。髪型への追及が蒸し返され、女であることを利用して闘争にかかわっている、重信に救対の金を流用したのではないか、高原の実家が送ってきた金一万円を持っていたのは逃げるつもりだったのではなど、言いがかりとしか思われないささやかなことをあげつらって詰問。小嶋の死について「ああいう死に方はしたくない、とにかく生きたい」と答えると、それは敗北死の始まりだと極めつけ、永田の提案で小嶋の死体を埋めに行かされた。さらに女としての意識を解体させる必要があると、自分で自分の顔を殴らせた。その後は縛られ、食事を与えられず、殴打され、七日夕刻、衰弱して凍死した。

Ⅱ　遠山幸子と被告の交流

帰ってこない娘を探して

高原が逮捕され、重信がアラブへ逃れ、美枝子が帰宅しない日が続くと、幸子は外出しないよう、美枝子を柱に縛り付けたこともあったという。しかし、母の制止を振り切り、半非合法の活動へとさらに歩を進めた美枝子には尾行が密着するようになり、数人の私服刑事が取り囲んで肩をぶつけてきたり、エレベーターや電車に一緒に乗り込んだり、弁護士事務所の入り口で待ち伏せしたりする。そのために「非常に動きにくく、口紅、化粧等をしてイメージをかえつつ動いています」（重信宛、七一年五月二一日）という。そして実家にはめったに帰らなくなり、高原宛の手紙は七一年一一月二五日付が最後で、一二月に入るとパタリと消息が途絶えた。

心配した幸子は師走の街に娘の姿を捜して、友人宅など立ちまわりそうなところを訪ね歩いている。かつて明大の学生会館に泊まり込んでブントの指揮をとっていた藤本敏夫の妻である歌手の加藤登紀子の事務所も訪ねている。しかし、杳として足取りはつかめない。明けて七二年一月七日に美枝子は亡くなっているが、幸子はまだ娘の死に気付いていていない。

まもなく人々をテレビの前にくぎ付けにする大事件が起こった。二月一九日、長野県軽井沢町の保養所「あさま山荘」に人質をとって連合赤軍のメンバー五人が立てこもったのだ。山荘を包囲した警察と銃撃戦を繰り広げ、死傷者を出して二月二八日、五人が逮捕され事件は落着したかにみえた。

しかし、そこから「連合赤軍事件」は思わぬ方向に展開した。逮捕者らの自供から山岳ベースで大量のリンチ殺人が行われていたことが明らかになったのだ。三月六日から一三日にかけて次つぎと遺体が発掘され、その数は一二人に及んだ。さらに、連合赤軍ができる前に革命左派で二人が殺害されて千葉県印旛沼に埋められており、合わせると死者は一四人になり、世間を震撼させた。

美枝子が母の夢枕に立ったのは三月六日だという。「あの子は死んでも私のところに知らせに帰ってきました。三月六日の夜三時半頃、玄関のドアをたたいて、二回たたいて、私に知らせてくれました」と書いている（中村愛子宛、一九七三年八月）。

美枝子が死んだのは七二年一月七日だが、遺族は命日を三月一三日にしている。警察は逮捕者らの自供にもとづき、榛名山中に埋められている遺体を発見、発掘、検視ののち、身元を特定して遺族に伝え、駆け付けた遺族が本人であることを確認した。美枝子の場合、遺族が確認したのが三月一三日なので、この日を命日にしているのだという。

倉渕村地蔵峠の杉林が埋葬地で、そこには、尾崎充男、進藤隆三郎、小嶋和子、加藤能敬、遠山美枝子、行方正時、寺岡恒一、山崎順の八人が埋葬されていた。残りの大槻節子、山本順一、金子みちよ、山田孝の埋葬地は別の場所である。現在、倉渕村の現地付近には慰霊碑が建てられている。同村内の全透院住職が建てたもので、表には「阿宇の子が阿宇のふる里　立ちいでてまた立ち皈《かえ》る阿宇の故郷」、裏面には「茲　連合赤軍之若者八名皈る　合掌」とある。

真相を求め猛然と行動を開始

美枝子の死を知った家族らの驚愕と悲しみは察するに余りある。

群馬県警から連絡を受けた遠山家の人々は、一九七二年三月一三日、二台の車に分乗して群馬県高崎市を経由して、榛名山の遺体発掘現場に向かった。車を運転したのは遠山家と親しい知人二人で、同乗したのは、幸子、姉、妹、姉の夫、高原の弟で計五人。遺体が美枝子であることを確認したのは妹と高原の弟。その後、倉渕村で荼毘に付した。

葬儀は、麒麟麦酒会社の関係者や美枝子の高校時代の友人たちが手伝って千代崎町の家で行われた。東京拘置所に勾留中の高原は知らせを受けて泣きくずれ、葬儀への出席を願い出たが、許可されなかった。面会にきた幸子は、骨箱をポンと横において問いつめなかったという。

三月二一日、倉渕村蓮華院で一四人の供養が行われ、現地に塔婆が建てられた。幸子は出席し、四十九日にあたる五月一日にも現地に足を運んでいる。

そこで顔をあわせたのだろう、行方正時、尾崎充男、寺岡恒一らの遺族との交流を始めている。九月一五日にも他の遺族と共に倉渕村に行き、村長に会って役所に預けられている「供養文」の下書きをもらって持ち帰った。それをコピーしたものに三月二一日の写真を同封して「各位」宛に送っている。「各位」が誰なのかはわからない。

この間には、明治大学時代から活動を共にしてきた重信房子、上原敦男らから、驚きとともに美枝子を悼み、幸子を気遣う手紙が続々と届く。赤軍派の最高指導者で、大菩薩破防法事件、〝よど号〟ハイジャック事件で東京拘置所に勾留中の塩見孝也からも「遠山幸子様及び遺家族」宛にお詫びの手紙がきた（七二年六月二九日）。「赤軍派結成前後とする創世期からの最も献身的で有能な指導的同志の一人」であった美枝子さんが「指導部の裏切り、反革命支配によって」殺された責任は自身にあるとして反省の言葉を並べている。

原文が「高原資料」に残っているが誤字だらけである。幸子もこれが赤軍派に君臨した最高指導者かと驚いたのだろう、『供養文』には行方の父宛の二通とも誤字に傍点を振ってそのまま写し、文末に「以上二通、誤字（傍点）も原文のまま」と書き添えている。政治的言語を並べた詫び状に幸子が納得するはずもなかろう。なお、本書には誤字を訂正して掲載した。

七二年一〇月後半からは東京拘置所、長野刑務所、前橋刑務所に勾留され、殺人・傷害致死・死体遺棄で起訴された一七人の公判が順次始まった。東京地裁で森恒夫、永田洋子、坂口弘、坂東國

男、植垣康博、吉野雅邦、青砥幹夫、長野地裁で寺林真喜江、伊藤和子、加藤倫教、岩田平治、前橋地裁で奥沢修一、杉崎ミサ子、前沢虎義、山本保子、中村愛子。

この頃には週刊誌などに猟奇的事件として虚実入り混じった興味本位の報道も多くなり、幸子は親として娘が殺されるまでの真相を知りたい、明らかにして娘の無念をはらしたいと考えたのだろう。美枝子が「山」に入る前の行動、「山」でどのようにリンチされ殺されたのかを突き止めるため、猛然と行動を開始する。

弁護士から入手したのであろう、被告の供述書に全て目を通し、公判に足繁く通って傍聴していることは、被告宛の手紙からうかがえるし、美枝子の幼な友達も共に傍聴したことがあるという。おびただしい数の手紙を被告や遺族宛にも書き、被告との面会にも行った。会社勤めのかたわらの執念ともいえるこれらの行動を、幸子はほとんど一人で黙々と行っている。同居している美枝子の姉家族もほとんど知らなかったというから、一家に影響を及ぼしたくないという配慮がうかがえる。

その上で、自分が出した手紙、被告からの手紙、被告から他の遺族宛の手紙も入手して、それを達筆のペン書きで筆写している。最後が一九七三年一二月七日付の前橋地裁・水野裁判長談の新聞記事であるのは、前橋地裁での五人の裁判が結審したので、ひと区切りとしたと思われる。美枝子が死に至る胸がつぶれるような場面を写しながら何を思ったのだろうか。そして何が明らかになったのか。怒りや恨みは浄化されたのか。『供養文』に採録された手紙から追ってみる。

手紙、電話、公判傍聴、面会を重ねる

幸子が作成した冊子に採録されている文書は大きく四つに分類できる。①幸子から被告及び被告の家族宛手紙、②被告及び被告の家族からの手紙、③被告から他の遺族宛手紙、④弁護士の手紙（掲載不許可）と新聞掲載の裁判長談話。

まずは手紙作戦。達筆のペンを走らせて、勾留中の被告らに謝罪を求める手紙を次々と出した。『供養文』に載せてあるのは、中村愛子、山本順一の妻、青砥幹夫、植垣康博宛の四通のみだが、他の被告にも「供養文」とともに手紙を送ったことは、森、永田、吉野、坂口らの返信からわかる。被告宛手紙には、自分だけでなく、他の遺族にも手紙を出すよう促しており、その返信も『供養文』に転写されており、美枝子だけでなく、行方や尾崎へのリンチの一端が明らかになっている。

被告宛手紙は手厳しい。「十四人もの生命をなくしておきながら、その手でよく一年間食事が出来ること」、「その気持オニです。人間の皮をかぶったオニです」、「人非人、オニ、ケダモノ」という激しい言葉をあびせながら「革命、革命といいながら残ったものはなんですか」と問いつめ、「どんな思いで死んでいったか、死ぬ時には革命も何もなかったはずです。なにが革命か」と根底的な問いを投げかけ、「私の手紙に対して返事を書くことはあなたの責任と義務です」と返事を要求している。

七二年一一月初め、娘の死の真相と謝罪を要求する手紙に返信したのは連合赤軍のリーダーの森恒夫。「私が犯した行為は、本当に阿修羅の権化、地獄の餓鬼と云われるべきことで、一片の人間性もない行いです」「人の皮をかぶったけだものでしかできないことです」と、自ら主導した行為を告白し、死を前にした美枝子が何度も母の名を呼んだとある。森は、このあと、七三年の元旦に拘置所内で自死する。

　もう一人のリーダー、革命左派の永田洋子の場合。幸子は永田の母に電話をかけ、彼女は短い手紙で、お悔みとお詫びを述べている。幸子は中村愛子の父など被告の親にも謝罪を求める手紙を出しており、成人した子の罪を責められる親の苦衷も察しられる。

　永田の母が洋子に、幸子から電話があったことと住所を知らせ、東京拘置所から謝罪の手紙が届くのは五月末。これまで手紙を出さなかった非礼を詫び、美枝子がアジトで次々と粛清が行われることに疑問を示したとし、「お母さん、今に幸せにしてあげるから」と言っていたと書き、それなのに「徹底して無慈悲に殺してしまったのです」と告白している。

　前後して坂口弘（五月二四日）からも返信が届いている。八〇〇字足らずの短文で、「本当に申し分けあり

明治大学学生時代の遠山美枝子

ません。今日まで直接遺族の方に謝罪しなかったことをお詫びします」、「私観的には犯した罪からのがれようとは思っていませんでしたが、これが如何に配慮を欠いた手前勝手なものであったか、お手紙によって思い知らされました。改めて自分の罪を洗い出して検証する積りでいます」とある。

坂口からの来信は一年後にもう一通、「高原資料」に原文が残っている（七四年五月一五日、以上、二通とも本人拒否により不掲載）。これによると、幸子は『供養文』を作成したあとも手紙を書き、公判を傍聴し、面会にも行っていることがわかる。連合赤軍の指導者クラスの公判は続いており、のちに触れるように吉野雅邦にも七四年に面会している。

坂口は面会のとき、「まともな対応がとれなかった」ことを詫びた上で、次のように述べている。幸子が言うように「故人同志は何一つ組織に不利なことをしたわけではありません。それどころか何もかもすて、山に来たのであり、情熱をもって山にきたのであり」、「暴力をうけ、死に至らせられるような罪は何一つとしてありません」。しかし、我々指導部の臆病と傲慢から粛清行為を絶対的に合理化しついてこれない人に、「理由にならぬ理由をつけて摘発して我々の主張どうり変えさせようとしたのです」としている（七四年五月一五日）。

被告たちは、美枝子が過酷なリンチに耐えながら母の名を呼び、「お母さん、美枝子がんばる」「お母さん、見てて、今に楽にしてあげるから」と言っていたと、そろって書いている。それを読みながら幸子は、自身が苦労をしている姿を見せたことが美枝子を「革命」に向かわせ、非業の死を招いたと考えたようだ。「美枝子を死なせたのはわたしだ」と美枝子の姉に語っていたそうだ。

山本順一の妻との往復書簡

幸子が手紙を出しても返事を寄こさない被告もいたとみられるが、全ての手紙が残されているわけではない。その中で被告家族も含めた交流をしている山本順一の妻と、吉野雅邦関係の手紙の本数が飛び抜けて多い。罪を犯した者と、その親など親族が、被害者遺族と向き合うことで、和解への道を探っているかに見える。

一九七三年に入って被告らの接見禁止が解けたのだろう。二月二四日（幸子は二二日と記述）、幸子は阿久澤浩弁護人のはからいで前橋刑務所に収監されている山本順一の妻に面会している。前年の五月一日、四十九日で倉渕村に行ったとき、群馬県警の刑事から彼女が美枝子の母に会いたいと言っていると聞いたからだろう。恐らく幸子は、この面会で初めて、美枝子の死の現場にいた人の証言を直接聞いたことになる。

山本夫妻は京浜安保共闘の地方支部である中京安保共闘の活動家で、順一に誘われて山で親子三人仲良く暮らせると思い、妻は生後二カ月の赤ん坊を連れて入山した。無謀な行動にみえるが、革命左派には永田洋子をトップに一八人中八人も女性がいる。まさか苛烈な殺し合いが始まるとは想像だにしなかっただろう。

七一年一二月二六日に榛名ベースに入山し、三一日に新倉ベースから移動してきた美枝子に初めて会い、「明るくて優しい女性」という印象を持ち、「ベース内の何の友よりも親しみを覚えた」。翌日には金子みちよと二人にかつおぶしのおにぎりをくれたのが嬉しかったと書いている。

明大の学生運動仲間、ブント、赤軍派、連合赤軍の同志たちが回想した文には、美枝子がしばしば手作りの料理をふるまった場面が出てくる。緊張した政治活動の空気を和らげる美枝子のさりげない思いやりなのだろう。

まもなく美枝子らへのリンチが始まったが、山本の妻はそれを見守ることしかできなかったという。山本夫妻は車の運転ができることで死体の運搬や食糧の買い出しなどを命令されるままにしていたが、一月三〇日には大槻節子とともに夫の山本順一も殺された。順一は死体を運搬させられ車輪を溝に落としたのが総括の理由だ。耐えられなくなった妻は二月六日、子をベースに置き去りにしたまま脱走。翌日にはその赤ん坊を抱いた中村愛子がタクシーで移動中、母子心中者と間違われ、警察に保護されている。

山本の妻は面会にきた幸子に、美枝子に初めて会ったときの印象を語り、苦しみながら死ぬのをじっと見ているしかなかった自分を責め、死にいたるまでの様子を涙ながらに語りながら詫びた。その後、雪解けを待って幸子は寺岡恒一の両親と榛名ベースの跡まで行っている。また、彼女を諭すとともに、親族が育てている子を思う気持に同情。尾崎と行方の遺族にも手紙を書くよう促し、山本の妻はそれを実行している。彼女の手紙からは、世間が思い描くような怖い女性兵士の面影はなく、ごく普通の女性の姿がある。これに幸子は心を許したのだろう。手紙の往復を続けている。七二年一〇月に始まった山本の妻の裁判は七三年五月七日に最終弁論が行われ、八月には誰よりも早く懲役四年の判決が確定した。その後の手紙のやり取り、残り二年八カ月の刑期を終えたあとの交流は確認されていない。

吉野雅邦、その両親との交流

吉野と両親を巻き込んだ幸子との交流は、手紙のやり取りだけでなく、顔を合わせることで、互いの心情を理解しようとしているかに見える。一九七三年五月、裁判所であろう待合室で幸子と吉野の母親が偶然会った。母親がそのことを吉野に知らせ、追って幸子の手紙が吉野に届いた。これに対して吉野の返事、続いて両親からの詫び状と弔慰金が幸子に届く。そして時期ははっきりしないが、吉野の両親が遠山宅に訪ねてきたことを美枝子の姉が記憶している。さらに吉野は、幸子の手紙の写しとともに謝罪の手紙を遺族に出そうというアピールを革命左派の被告仲間にだした。これに応じて岩田平治が幸子、尾崎充男の姉、行方正時の父に詫び状を出している。岩田は、カンパのために下山した一月一二日に脱走している。

残されている手紙でわかるのは、さらに七四年一〇月五日に幸子が吉野に面会。吉野が九日付で長い手紙を書いている。この中に「続きは後便で」とあるから、後便があったと思われるが残っていない。それから一三年後の八七年一二月。十七回忌にあたり吉野が自身の作業賞与金から遺族に御香料を送ってほしいと両親に頼み、これを受けて両親は幸子に御香料を送るとともに御冥福を衷心より祈るとする手紙を出している。被告、家族としては、できる限りの対応と思われるが、幸子にとっては多少なりとも慰謝になったのではないか。

そして、今回、本書の編集にあたり、出版社から千葉刑務所に服役中の吉野に掲載許可を求めるとともに、『朝日新聞』（二〇二四年三月二五日〜二九日夕刊）に掲載された「指輪物語」を送ったところ、二〇二四年五月二五日付で返信があったので、許可を得て掲載した。

吉野からの最初の手紙は在監の仲間と遺族へのお詫びについて話しあいながら、放っておいたことを詫び、ベースでは、「人間的な一切の感情を持つことを弱さ、欠陥と考え、自ら、それを持たぬように努めて」いたと告白。逮捕されてしばらくは、一四人の命を奪ったことは正しいことだと信じ続けていたが、気持が急激に変わる契機になったのは「私の妻ととり出された胎児の写真を見たことでした」と書いている。

さらに父母と面会してその嘆きを目にし、障害のある兄を思い、殺した人びとの親や家族のことを思わずにいられなくなったと、言葉を絞り出すように心境を綴っている。

驚くのは、七四年一〇月五日に幸子が吉野に面会した際、「殺してやりたい」、「人民裁判してやるから出てこい」と言ったと、吉野の手紙（一〇月一九日）に書かれていて、『供養文』を筆写し終えたのちも、幸子の怒りと悲しみが癒えることなく持続していることがわかる。

吉野からの時を隔てた三本の長文の手紙は、獄中で京浜安保共闘から連合赤軍に至る活動の経緯をたどりながら、死んだ人々への追悼の思いをより深めている。心境の変化、事件に対する考察、分析も綴られているので、掲載の手紙を読んでいただきたい。この他にも『創』二〇二三年七月号から「獄中手記」を寄稿しており、事件についての自己省察が伝わってくる。

大切な娘や息子を奪われた家族の悲しみが癒される日はくるのか。加害者はどうふるまえば遺族の赦しを得られるのか。行方正時の父の談話（七二年一一月二四日）が遺族の気持をよく代弁していると思うので引用しておく。

「遺族は忘れたいと思い、権力側は一応の結論をつけて終らせたいと願い、一般の人達は思考を中断してしまっています。あのようなことを繰りかえさないために、誰もが真剣に徹底的にいつまでも考えるべきだと思います。忘れてしまってはいけないと思います。今遺族として息子の死をも含めてあの事件について納得のいくものは何も得られていませんし得られないようにも思えます。それでも私は考え続けたいし、息子を含め彼等が何を考え何を目的としてどのように歩いて行ったのか、いつまでも追い続けたいと思います」

Ⅲ　女性革命家を目指して

最後に、本書に掲載した書簡や寄稿文から新たにわかった遠山美枝子像を見ておきたい。『私だったかもしれない』を執筆した折には、美枝子が書いたものは高原浩之宛の最後の手紙（一九七一年一二月二五日）しか入手することができなかったが、今回はこれに加えて美枝子から高原宛九通、高原から死んだ美枝子宛二通、美枝子からベイルート在の重信房子宛二通を読むことができた。さらに明大時代からの活動家のT・Sと、赤軍派のY・Nの手記から、遠山美枝子という女性活動家の輪郭がより鮮やかになった。

美枝子の人となりについて、T・Sは明大学費闘争のときのエピソードを紹介している。学内に入り込んだ私服警官が学生たちにリンチされているとき、美枝子が「もういいかげんに止めて」と殴っているT・Sの前に立ちふさがったという。「私は今でもあの時の遠山さんの顔を思い出します。私をにらんで必死に叫んだあの目を思い出します」と。

山岳ベースで次々と行われる粛清に美枝子が疑問を示したと、永田洋子ら複数の被告が証言している。美枝子に対する粛清の理由はいろいろあげられているが、指導部のやり方に反対したことが大きな要因だったのではないだろうか。

赤軍派の救対部でともに活動したというY・Nの手記には、七〇年夏から七一年春までの美枝子の活動が具体的だ。「とても献身的で、指導部に対しても忠実な活動家だった」というのは、他の人の印象とも重なる。それゆえに「官僚的だった」というのは、批判として赤軍派の下部の活動家からも聞いた。そうして周囲から批判される中で「結局、自分が献身的に動きまわるということで何とか解決しようとしていた」というのが美枝子らしい。

　Y・Nは続ける。「ブンドは女を自立した一人前の活動家に育てようという意識が他の党派に比べても、薄かったのではないか」として、ブント以来の活動家の美枝子が、恋人（高原）と二重写しで見られることに反発して、何とか自立したいと思っており、「私は今までお人形だったの」、「本当に、私は人形だったのよ。でも、きっと立派な女兵士になってみせるわ」と電話口で何度も繰り返したのは、七一年の夏の終りだったという。

　この証言を裏付けるのは、美枝子から高原宛手紙（六月二八日、七月五日、八月二二日）だ。自分が赤軍派にきたのはオルグされたから来たのではない、自分で選んだのだと断言し、「私は今、すごく自由です。居直った自由ですが。でも本当の自由を得るため、運動、自分（高原を指す）、その他の関係で、自由をさがし出します」、「いずれ近いうちに私の飛躍すべき場が決まるでしょう」と書き、「私は十二日で二十五歳。これからは自分の好きな事をやろうと思う」と自立宣言をしている。

　そして、最後の手紙では、歩いてきた道を振り返り、闘争の過程で自分が「中性の怪物」になったと反省し、「人間らしく生きたい」、それは「女らしくということではなく、その女が体現できる可能な限りをついやす」ことだとして、女性性を否定せず、徹底的に自己改造して赤軍女性兵士としてがんばるとしている（一一月二五日）。

この最後の手紙への返信として、美枝子が亡くなって三年後に高原が悔いと反省の思いを込め、獄中で書いている（「婦人解放についての三年後の返信」『私だったかもしれない』巻末に収載）。「結婚当初、僕は男（夫）による女（妻）の抑圧、奴隷化の問題、それにたいする婦人解放の問題について、まったく無自覚でした。だから君を、革命闘争、赤軍派の活動から退かせようとしました」。これにたいして美枝子は、子どもを中絶し、家内奴隷を拒否し、革命闘争に参加する道を選んだ。高原はそれを支持せざるを得なかったが、なお美枝子を活動の第一線には出さず第二線に押しとどめていた。

しかし、七一年夏、それが破綻した。赤軍派と合体する革命左派では多くの婦人革命家が第一線で活動している。ときはウーマン・リブの隆盛期。中核派でも婦人活動家が男の活動家による抑圧を批判して決起宣言をした。ここで初めて、高原は「君を政治的に抑圧し、君が革命闘争、赤軍派の活動に積極的に参加するのに反対していたことを自己批判」した。そして「婦人解放の問題を自覚しました。君は男の革命家とまったく同等の権利を持って、赤軍派の活動の第一線に参加し、連合赤軍、革命戦争に参加することを決意し、実行に移し、僕はそれを支持しました」。

だから、高原はひたすら死んだ美枝子に詫びる（七二年三月一五日）。「きみが赤軍兵士としてたたかうのを二年間もおさえていたことが何よりも心残りです」。そのために気心のあった同志たちと一緒に闘うことができず、気心をしりあっていない同志と一緒に闘うことになったことが、この事件を起こしてしまったのだとして、「全ての責任は僕にあります」とする。さらに「僕は、森同志と同じ立場に立った場合、もしかすると同じように他の同志たちを殺したかもしれないと思っているのです」と、赤軍派の最高指導者であった者としての苦衷を吐露している。

高原は、美枝子が妊娠したとき、本音は活動から退いて妻として、母として生きてほしかったと筆者に語ったことがある。しかし、同じ政治路線を共有した上で一緒になったんだからやめろと言えなかったのだという。

ということは、美枝子は赤軍派に加わったときから、武装闘争も辞さず、男と対等の兵士として闘う強固な意志があったということだ。そして、高原も重信もいない赤軍派で、抑圧から解放され、自由を獲得して、内実をともなった女性革命家になるために「山」に入ったのだ。「山」は美枝子にとって「飛躍する場」だったのだ。

明治大学の学園闘争からブント、赤軍派へと、重信が光で美枝子は影といった言説が先行しているが、どちらが光でも影でもない、タイプの違う活動家ととらえかえしたい。また、総括の果ての死の場面のみが誇張されてメディアに流布されているが、誰もが幸せに生きられる社会を実現するために女性革命家をめざした勇気ある女性であったことを知ってほしい。足取り軽く山道を歩いたという美枝子が描いていた革命後の社会とは、どんな社会なのだろうか。聞いてみたかった。

一一年三カ月の刑を終えた高原は、八一年一〇月に出獄。八三年に美枝子の姉と再婚し、二人の子を育てながら、手紙で約束したように幸子とともに生きた。被害者でありながら、赤軍派の家族として見る世間の冷たい眼と闘う同志なのだという。

Y・Nが回想する。美枝子はいつも元気を失わなかった。賑やかなことの好きな人だった。とても気さくで、世話好き。話すときはいつもお母さんの話になった。お母さんを彼女がどんなに好きであるか、また誇らしく思っているか。「遠山さんにとって具体的な「人民」というのは、お母さんの姿だったのだと思う」。

美枝子と幸子は性格が似て、互いに信頼する関係だったのだろう。その娘を理不尽な暴力に奪われて、心が晴れる日はなかっただろう。それでも働き者の幸子は、麒麟麦酒会社を定年になったのちも七〇歳過ぎまで横浜の酒問屋で勤めを続けたという。二〇一五年九月には、美枝子が最後まではめていた金の指輪が群馬県警から戻ってきた。幸子が成人式の日に贈ったものだが、リンチの理由の一つになった因縁の指輪だ。幸子は自身の指にはめて、じっと見ていたという。

二〇二四年三月に一〇〇歳を迎えた幸子は、今、高齢者施設で穏やかな日々を過ごしている。高原夫妻に連れられて、車椅子の幸子に面会した。洗われたような清しい表情で、美枝子の姉が「美枝子のことを書いてくださる江刺さんよ」と言うと、笑みを浮かべてうなづき、わたしの手を握った手に力をこめた。言葉数はゆっくりと少ないが、別れぎわには「気をつけて帰ってくださいね」と握った手にさらに力をこめた。温かい手だった。

参考文献

三浦俊一編『追想にあらず　１９６９年からのメッセージ』講談社エディトリアル、二〇一九年

重信房子『はたちの時代　60年代と私』太田出版、二〇二三年

椎野礼仁『連合赤軍を読む年表』ハモニカブックス、二〇二二年

連合赤軍の全体像を残す会編『証言連合赤軍』皓星社、二〇一三年

江刺昭子『私だったかもしれない　ある赤軍派女性兵士の25年』インパクト出版会、二〇二二年

救援連絡センター編『救援縮刷版』第一集、第二集、彩流社、二〇一〇年

遠山幸子（とおやまゆきこ）
1924年、大阪市に生まれる。プロフィルは解説を参照。

江刺昭子（えさしあきこ）
1942年、岡山県に生まれ、広島県で育つ。女性史研究。
著書
『草饐　評伝大田洋子』濤書房、1971、のち大月書店、1981
『覚めよ女たち　赤瀾会の人びと』大月書店、1980
『女のくせに　草分けの女性新聞記者たち』文化出版局、1985、のちインパクト出版会、1997
『逗子は燃えた、そして　池子住民訴訟ノート』インパクト出版会、1990
『女の一生を書く』日本エディタースクール出版部、1994
『透谷の妻　石阪美那子の生涯』日本エディタースクール出版部、1995
『樺美智子　聖少女伝説』文藝春秋、2010、のち河出文庫『樺美智子、安保闘争に斃れた東大生』、2020
『「ミセス」の時代　おしゃれと〈教養〉と今井田勲』現代書館、2014
『私だったかもしれない　ある赤軍派女性兵士の25年』インパクト出版会、2022

共編著
『女がヒロシマを語る』インパクト出版会、1996
『時代を拓いた女たち　かながわの131人』2005、『時代を拓いた女たちII　かながわの111人』2011、『時代を拓いた女たちIII　かながわの112人』2019、かながわ女性史研究会共編著、神奈川新聞社
『この女を見よ　本荘幽蘭と隠された近代日本』安藤礼二共編著、ぷねうま舎、2015

連合赤軍　遺族への手紙

2024年9月10日　第1刷発行
編　者　遠　山　幸　子
編　者　江　刺　昭　子

発行人　川　満　昭　広
装幀者　宗　利　淳　一
発　行　インパクト出版会
〒113-0033　東京都文京区本郷2-5-11　服部ビル2F
Tel 03-3818-7576　Fax 03-3818-8676　郵便振替 00110-9-83148
E-mail：impact@jca.apc.org　http://impact-shuppankai.com/
編集担当＝深田卓

モリモト印刷株式会社